DIE ENTWICKLUNG DER KOMMUNALEN DENKMALPFLEGE UND DIE SONDERSTELLUNG DER STADT KÖLN

AF551436

JÖRG ALLENDORF

DIE ENTWICKLUNG DER KOMMUNALEN DENKMALPFLEGE UND DIE SONDERSTELLUNG DER STADT KÖLN

Verlag Dirk Koentopp

Allendorf, Jörg:
Die Entwicklung der kommunalen Denkmalpflege
und die Sonderstellung der Stadt Köln
Osnabrück: Verlag Dirk Koentopp, 2009
ISBN 978-3-938342-19-0

ISBN 978-3-938342-19-0

© 2009 Verlag Dirk Koentopp, Osnabrück
Das Werk einschließlich aller seiner Teile ist urheberrechtlich geschützt. Jede Verwertung außerhalb der engen Grenzen des Urheberrechtsgesetzes ist ohne Zustimmung des Verlages unzulässig und strafbar. Das gilt insbesondere für Vervielfältigungen, Übersetzungen, Mikroverfilmungen und die Einspeicherung und Verarbeitung in elektronischen Systemen.
Herstellung: Books on Demand GmbH

Printed in Germany

Inhaltsverzeichnis

Einleitung 1

Erster Teil
Die Entwicklung der staatlichen Denkmalpflege 5

A. Die Institutionalisierung der staatlichen Denkmalpflege 5
I. Ziel und Struktur 5
1. Objekt der Denkmalpflege 5
2. Mittel der Denkmalpflege 7
3. Subjekt der Denkmalpflege 10
II. Organisation 13
1. Memorandum zur Denkmalpflege 13
2. Kabinettsorder vom 14. Oktober 1815 14
3. Kabinettsorder vom 7. März 1835 15
4. Kabinettsorder vom 1. Juli 1843 16
B. Die Dezentralisierung der staatlichen Denkmalpflege 18
I. Scheitern der zentralen Denkmalpflege 18
II. Neuorganisation der staatlichen Denkmalpflege 21
III. Denkmalpflege in der Rheinprovinz 23
1. Provinzialverband 23
2. Provinzialkommission 24
3. Provinzialkonservator 25
4. Bodendenkmalpflege 30
IV. Denkmalpflege in Nordrhein-Westfalen 33
1. Landschaftsverbände 34
2. Landeskonservator 36
3. Rechtsgrundlagen 38
4. Bodendenkmalpflege 46

Zweiter Teil
Die Entwicklung der kommunalen Denkmalpflege in Köln 49

A. Die Institutionalisierung der kommunalen Denkmalpflege 49
I. Die Heimatschutzbewegung 49
II. Der erste Stadtkonservator 53
B. Aufgaben und Befugnisse des Stadtkonservators 56
I. Dienstanweisung vom 2. August 1913 56
II. Dienstanweisung vom 5. Juni 1917 59
III. Dienstanweisung vom 6. November 1959 60
C. Kompetenzerweiterung durch Dezentralisierung 65
I. Grundsätzliche Überlegungen 66
II. Kölner Initiative 69
1. Bodendenkmalpflege 69
2. Baudenkmalpflege 70
a. Unzulänglichkeiten 71
b. Beschlussentwurf und Diskussion 74
c. Behandlung im Hauptausschuss 78

Dritter Teil
Die Kombination von staatlicher und kommunaler Denkmalpflege 81

A. Impulse durch Kombination 82
I. Vorteile staatlicher Denkmalpflege 83
II. Vorteile kommunaler Denkmalpflege 85
B. Das Denkmalschutzgesetz Nordrhein-Westfalen 91
I. Entstehungsgeschichte 92
II. Kompetenzverlagerung 101
1. Untere Denkmalbehörden 102
2. Obere und Oberste Denkmalbehörden 103
3. Denkmalpflegeämter 104
III. Konfliktlösung 105
1. Denkmalschutz 106
2. Denkmalpflege 106
3. Ministeranrufung 107
IV. Sonderfall: Bodendenkmalpflege Stadt Köln 111
1. Herstellung des Benehmens 111
2. Ministeranrufung 112

Zusammenfassung in Leitsätzen **117**

Anhang **121**

Nr. 1
Zirkularverfügung des Ministers der geistlichen pp. Angelegenheiten vom 24. Januar 1844 121

Nr. 2
Instruktion für den Konservator der Kunstdenkmäler vom 24. Januar 1844 121

Nr. 3
Vorschlag eines Denkmalschutzgesetzes 122

Nr. 4
Ortssatzung der Stadt Köln betreffend Werbezeichen vom 21. Juni 1926 128

Nr. 5
Polizeiverordnung betreffend Werbezeichen vom 1. Oktober 1926 (Auszug) 128

Nr. 6
Ortssatzung gegen die Verunstaltung des Ortsbildes vom 14. Februar 1929 129

Nr. 7
Dienstanweisung für den städtischen Konservator vom 2. August 1913 130

Nr. 8
Dienstanweisung für den städtischen Konservator vom 5. Juni 1917 (Auszug) 133

Nr. 9
Dienstanweisung für den Konservator der Stadt Köln vom 6. November 1959 (Auszug) 133

Nr. 10
Schreiben Vogts vom 25. Februar 1948 (Auszug) 137

Nr. 11
Vogts, Schreiben an Wirtz vom 25. Februar 1948 (Auszug) 138

Nr. 12
Beschlussbuch vom 24. März 1960
(Erläuterung der Beschlussempfehlung) 138

Literaturverzeichnis **141**

I. Schrifttum 141
II. Gesetze, Verordnungen, Satzungen, Erlasse 150
III. Sonstige Quellen 152

Abkürzungsverzeichnis **157**

Einleitung

Das Land Nordrhein-Westfalen übertrug seinen 396 Gemeinden mit dem Gesetz zum Schutz und zur Pflege der Denkmäler im Lande Nordrhein-Westfalen vom 11. März 1980 (Denkmalschutzgesetz), das am 1. Juli 1980 in Kraft trat, die generelle Entscheidungskompetenz in allen denkmalrechtlichen Fragen. Für diese bundesweit einmalige Regelung mit einem feingliedrigen System von Mitwirkung und Aufsicht gab es nicht nur Anerkennung, sondern auch Kritik.[1] Skeptiker befürchteten, den Gemeinden fehle die erforderliche Fachkompetenz. Dieser Mangel könne auch nicht durch die vorgesehene Beteiligung der Fachbehörden ausgeglichen werden. Deren Einflussmöglichkeit sei nämlich begrenzt, weil das Gesetz anstelle des Einvernehmens im Sinne einer übereinstimmenden Entscheidung nur eine Mitwirkung in Form des Benehmens vorsehe, bei der das bloße Bemühen um eine einverständliche Regelung ausreiche und dessen Scheitern ohne Folgen bleibe. Demgegenüber war der Gesetzgeber der Auffassung, statt zentraler staatlicher Behörden sollten die örtlichen Gemeinschaften Verantwortung tragen und den Denkmalschutz zu ihrer eigenen Sache machen. Nur wenn die Bürger vor Ort über "ihre" Denkmäler entschieden, werde das Denkmalbewusstsein geschärft und die angestrebte Breitenwirkung erzielt.[2] Schließlich müssten die Städte selbst wissen, wie sie aussehen wollen.[3]

Dieses Ziel wurde durch einen weit gefassten Denkmalbegriff unterstützt. Denkmäler sind nach der Legaldefinition Sachen, Mehrheiten von Sachen und Teile von Sachen, an deren Erhaltung und Nutzung ein öffentliches Interesse besteht.[4] Ein öffentliches Interesse besteht, wenn die Denkmäler bedeutend für die Geschichte des Menschen, für die Städte und Siedlungen oder für die Entwicklung der Arbeits- und Produktionsverhältnisse sind und hierfür künstlerische, wissenschaftliche, volkskundliche oder städtebauliche Gründe vorliegen[5]. Dabei werden Garten-, Friedhofs- und Parkanlagen[6] ebenso einbezogen wie ganze Denkmalbereiche, also

---

1 Siehe statt vieler: *Kiesow*, Denkmalpflege, S. 106 ff.; *Eberl*, S. 457 ff.

2 Antwort der Landesregierung vom 29. Juni 1989 (LT-Drucks. 8/1570).

3 So die Formulierung des seinerzeit zuständigen Fachministers *Zöpel*, zitiert bei K*ier*, Denkmalpflege in Köln, S. 3.

4 § 2 Abs. 1 S.1 DSchG.

5 § 2 Abs. 1 S. 2 DSchG.

6 § 2 Abs. 2 S. 2 DSchG.

etwa Stadtgrundrisse, Stadtsilhouetten, Straßenzüge oder Produktionsstätten.[7] Dieser weite Denkmalbegriff sollte dazu beitragen, dass Denkmäler von den Bürgern als Identifikationspunkte und Teil der eigenen Geschichte und Heimat gesehen werden.[8]

Diese Verlagerung der Denkmalpflege auf die kommunale Ebene hat in der Stadt Köln auch ohne gesetzliche Regelung Tradition. Bereits im Jahr 1912 gliederte die Stadt Köln die Denkmalpflege aus der Bauverwaltung aus und schuf – als einzige Stadt im damaligen Deutschen Reich – die Institution des Städtischen Konservators. Im Bereich der Bodendenkmalpflege hält die Stadt Köln noch heute eine Sonderstellung inne. Für ihr Stadtgebiet nimmt sie nämlich anstelle des Landschaftsverbandes Rheinland die Aufgaben der Bodendenkmalpflege wahr.[9] Diese Sonderstellung prädestiniert die Stadt Köln als Beispiel für die Entwicklung der kommunalen Denkmalpflege.

Im ersten Teil dieser Arbeit wird die Entwicklung der staatlichen Denkmalpflege dargestellt. Anfang des 19. Jahrhunderts erkannte man in Preußen die hoheitliche Verpflichtung, Denkmäler der Kunst, der Geschichte und der Kultur zu schützen. Diese Verpflichtung wurde mit der Bestellung des Konservators der Kunstdenkmäler am 1. Juli 1843 institutionalisiert. Der Staatskonservator hatte das Recht, dem Kultusminister unmittelbar zu berichten und genoss insofern Kompetenz und Unabhängigkeit. Neben dieser Unabhängigkeit in fachlichen Fragen ist die Entwicklung der staatlichen Denkmalpflege durch eine Dezentralisierung gekennzeichnet. Angesichts der Vielzahl der Denkmäler und der kulturellen Unterschiede in den Provinzen erwies sich die zentrale Denkmalpflege als unzureichend. Im Jahr 1891 übertrug der preußische König die Aufgaben des Staatskonservators für die jeweilige Provinz auf ein neues Organ - den Provinzialkonservator. Das Amt des Provinzialkonservators, das in der Rheinprovinz am 30. Mai 1893 besetzt wurde, war von einer Doppelstellung geprägt. Einerseits war der Provinzialkonservator Beamter des Provinzialverbandes, andererseits Delegierter des Staates. Eine solche Regelung, die nach den Ausführungsbestimmungen zum Ausgrabungsgesetz von 1914 entsprechend für die

---

7 § 2 Abs. 3 DSchG.

8 Entschließung vom 21. August 1989 (LT-Drucks. 10/4618).

9 § 22 Abs. 5 DSchG.

Bodendenkmalpflege galt, sicherte staatliche Einflussmöglichkeit und provinzielle Selbstverwaltung gleichermaßen. Dieses System setzte sich im Land Nordrhein-Westfalen fort. Nachfolger der Provinzialverbände wurde die Landschaftsverbände. In der Tradition der Provinzialkonservatoren agierten nun Landeskonservatoren.

Der zweite Teil widmet sich der Entwicklung der kommunalen Denkmalpflege in Köln. Die Stadt hatte im Jahr 1912 ein eigenes Konservatorenamt geschaffen. Bereits im Jahr 1924 waren die staatlichen Aufgaben der Bodendenkmalpflege für das Gebiet der Stadt Köln an den Leiter der römisch-germanischen Abteilung des stadteigenen Wallraf-Richartz-Museums delegiert worden. Die Stadt Köln strebte seit den 1950er Jahren an, dass auch die Baudenkmalpflege vom Staat an einen städtischen Konservator delegiert werde. Hiervon versprach sie sich mehr Einfluss auf den Schutz und die Pflege der Denkmäler in ihrem Stadtgebiet.

Im dritten Teil wird die Verlagerung der Denkmalpflege auf die kommunale Ebene dargestellt. Der Schutz und die Pflege der Denkmäler hat in Nordrhein-Westfalen Verfassungsrang[10]. Dieser Verfassungsauftrag schützt auch das Bedürfnis vieler Bürger, sich nach den Bausünden der Wiederaufbauzeit für die Erhaltung einer geschichtsbewussten und humanen Umwelt zu engagieren. Das Land Nordrhein-Westfalen erfüllt diesen Auftrag durch das DSchG. Dessen Regelungen stärken einerseits die kommunale Selbstverwaltung, ohne andererseits den überregionalen staatlichen Schutz zu vernachlässigen.

---

[10] Art. 18 Abs. 2 LVerf.

Erster Teil
Die Entwicklung der staatlichen Denkmalpflege

A. Die Institutionalisierung der staatlichen Denkmalpflege

I. Ziel und Struktur der Denkmalpflege

Ziel und der Struktur einer organisierten Denkmalpflege ergeben sich aus der Beantwortung dreier grundsätzlicher Fragen:

1. Was soll geschützt werden?
2. Wie soll ein Denkmal geschützt werden?
3. Durch wen soll ein Denkmal geschützt werden?

1. Objekt der Denkmalpflege

Der Begriff des Denkmals ist ein Produkt des Zeitgeistes.[11] Er unterliegt deshalb Veränderungen.[12] Dabei ist die Weite des Begriffs Indikator für die Entwicklung der Wissenschaft und die Ausprägung der Kulturstaatlichkeit.[13] Die Entwicklung des Denkmalbegriffs lässt sich in drei Kategorien fassen, nämlich den Wert des Denkmals als historische Quelle, den Wert des Denkmals als Kunstwerk und den Wert des Denkmals als Teil der Heimat und Umgebung.

Ursprünglich war (Denk-) Malen wie Gedenksteinen, Grabmalen und Standbildern allein die Funktion zugedacht, die Erinnerung an eine historische Begebenheit zu bewahren.[14] Der Denkmalbegriff zielte auf isolierte oder isolierbare

---

11 *Mörsch*, DKD 1977, S. 188 ff. weist auf die Veränderung des Denkmalbegriffs durch wechselnde Erhaltungsmotive der Gesellschaft hin. In diesem Verhältnis fungiere die Denkmalpflege einerseits als Auftragnehmerin des öffentlichen Interesses, andererseits aber auch als ordnender Faktor, um quellenmäßig unergiebige Objekte nicht "dem emotionalen Eifer umweltgeschädigter Bürger" (S. 191) zu überlassen.

12 *Huse*, Texte, S. 220 stellt das Beziehungsgeflecht zwischen kontinuierlicher Denkmalpflege einerseits und den unterschiedlichen Absichten und Zielen einer sich wandelnden Gesellschaft andererseits her.

13 Siehe hierzu etwa *Hammer*, S. 6 f.

14 *Gierschner*, S. 3.

Objekte.[15] Im Zuge der im 18. Jahrhundert in Europa einsetzenden Aufklärung entwickelte sich eine neue Qualität der Geschichtswissenschaft. Statt eines eher autoritätsgläubigen Rückgriffs auf Überlieferungen bevorzugte man nun quellenkritische Arbeit. Hierbei erkannte man unter anderem den Quellenwert der Denkmäler.[16] Diese gewannen durch die sich abspaltende Kultur-, Wirtschafts- und Sozialgeschichte an Bedeutung. Der Denkmalbegriff vergeistigte in gewisser Weise. Den historischen Wert des Denkmals sah man in seiner lesbaren und vermittelbaren Quelleneigenschaft.[17]

Wegen der sich gleichzeitig entwickelnden Kunstgeschichtsforschung weitete sich das Interesse gleichzeitig auf alle Zeugnisse, die zum Verständnis der historischen Kunstentwicklung bedeutsam sein konnten.[18] Wurde der Wert eines Kunstwerks bisher danach beurteilt, ob es die Natur täuschend echt wiedergebe, erlangte das Kunstwerk nun unabhängig von seinem historischen Kontext Bedeutung durch die darin verkörperte individuelle Schöpfung. Das Denkmal war nicht mehr nur die Verkörperung künstlerischer Fertigkeit, sondern Träger einer Idee. Hieraus folgt ein für die Denkmalpflege wichtiger Schutzgedanke: Die originäre Schöpfung ist nicht wiederholbar und deshalb auch vor restaurierenden Verfälschungen zu schützen.[19]

Vor dem Hintergrund von Zivilisationskritik und Heimatschutz[20] verstand man das Denkmal Anfang des 20. Jahrhunderts weder als reinen Geschichts- noch als reinen Kunstwert. Ein Denkmal sei nicht wissenschaftlich-rational fassbar. Sein Wert sei vielmehr im Empfinden des Betrachters begründet. Die Denkmaleigenschaft beruhe nicht in erster Linie auf dem konkreten Objekt, sondern auf der abstrakten Rezeption des Betrachters. Es leite zum Einfügen in die Geschichte an und vermittele die Erfahrung der Vergänglichkeit. Deshalb könne jedes Objekt zum Denkmal werden. Auch gehöre die Anerkennung des Verfalls zur Denkmaleigenschaft. Das Denkmal sei weniger Urkunde seiner Entstehungszeit als Dokument historischer Prozesse und Veränderungen. Die Erhaltung der Situation

---

15 *Speitkamp*, Denkmalpflege im Kaiserreich, S. 175.
16 *Hammer*, S. 33 f.
17 *Mörsch*, DKD 1977, S. 191.
18 *Hammer*, S. 35.
19 *Hammer*, S. 45 f.
20 Zur Heimatschutzbewegung: Siehe Zweiter Teil A I.

des Denkmals mit seinen Wertungen und Stimmungen sei wichtiger als der Erhalt des Baukörpers.[21] Diese gewandelte Sicht hatte für die Denkmalpflege praktische Konsequenzen: Da es nicht allein auf den Bauwert, sondern auf die Fähigkeit ankam, historische Assoziationen beim Betrachter auszulösen, erschienen auch unscheinbarere Bauwerke wie etwa Dorfkirchen schützenswert.[22] Zudem war nicht nur das isolierte Einzelobjekt, sondern die komplexe kulturlandschaftliche Einheit Gegenstand der Betrachtung. Deshalb galten nunmehr ganze Straßenzüge, Dorfkerne, Stadtteile, umgebende Landschaften, Parks, Alleen und Ensembles von Gebäuden als schützenswert.[23]

Der moderne Denkmalbegriff ist weit gefasst. Hier sei exemplarisch § 2 DSchG zitiert. Danach sind Denkmäler "Sachen, Mehrheiten von Sachen und Teile von Sachen, an deren Erhaltung ein öffentliches Interesse besteht. Ein öffentliches Interesse besteht, wenn die Sachen bedeutend für die Geschichte des Menschen, für Städte und Siedlungen oder für die Entwicklung der Arbeits- und Produktionsverhältnisse sind und für die Erhaltung und Nutzung künstlerische, wissenschaftliche, volkskundliche oder städtebauliche Gründe vorliegen". Selbst Rekonstruktionen können Denkmäler sein.[24]

2. Mittel der Denkmalpflege

Nur wer weiß, was vorhanden ist, kann Denkmäler schützen und pflegen. Deshalb steht an erster Stelle die Inventarisation der Denkmäler. Denkmäler müssen erhalten und vor Veränderungen geschützt werden. Beschädigte Denkmäler bedürfen behutsamer Restauration.

Der Begriff Inventarisation, der von "invenire" (finden, entdecken) und "inventarium" (Verzeichnis der gefundenen Sachen) abstammt, bürgerte sich im Laufe des 19. Jahrhunderts für Kunstdenkmälerverzeichnisse ein, die das publizierte Ergebnis wissenschaftlicher Erforschung von Bau- und Kunstdenkmälern eines

---

21 *Speitkamp*, S. 183 ff., unter Hinweis auf die von *Alois Riegl*, dem Wiener Kunsthistoriker, 1903 veröffentlichte Schrift über den modernen Denkmalkultus.

22 *Hammer*, S. 55.

23 *Jakobi*, S. 122.

24 Hierzu *Oebbecke*, Denkmalrekonstruktionen, S. 608.

Gebietes darstellen.[25] Die Aufnahme der Schutzobjekte in eine Liste ist Grundlage jedes organisierten Denkmalschutzes.[26] Mit der Aufnahme in das Inventar wird ein Objekt aus seiner Randexistenz in den Rang eines "Gemeineigentums" erhoben.[27] Durch Inventarisation wird das Denkmal für die Nachwelt gerettet.[28] Karl Friedrich Schinkel wies bereits 1815 in einem Memorandum zur Denkmalpflege[29] auf das Erfordernis hin, in jedem Bezirk ein Verzeichnis aller zu schützenden Gegenstände zu erstellen. Entsprechend dem erweiterten Denkmalbegriff sollten - bei Einhaltung einer Zeitgrenze von etwa 65 Jahren - Bauwerke aller Gattungen (z.B. Kirchen, Schlösser, Rathäuser, Stadtmauern, Grabmale) einschließlich Ruinen, aber auch Bildhauerarbeiten und Bilder insbesondere an und in Sakralbauten aufgenommen werden. Neben der schlichten Erfassung sollten die Verzeichnisse ein Gutachten über den Zustand und die Konservierungsmöglichkeiten enthalten. Weiterer Effekt dieser Inventarisation sollte die Verhinderung des nach der Säkularisation einsetzenden Kunsthandels sein.[30]

Mittelalterverehrung und Nationalstolz lösten Mitte des 19. Jahrhunderts eine Restaurierungswelle aus.[31] Die als Demütigung empfundene Besatzungszeit war in nationales Pathos umgeschlagen.[32] Ziel und Ergebnis solcher "Restaurierungen" war die Wiederherstellung des "reinen Stils". Das Postulat der Stilreinheit, gepaart mit Ignoranz und Indolenz gegenüber Geschichte und Bauwerk, fügte den Denkmälern mehr Schaden zu als deren Vernachlässigung.[33] Deshalb erhoben sich kritische Stimmen: Diejenige Restauration sei die vollkommenste, die

---

25 Siehe hierzu: *Schyma*, S. 111.

26 "Eine umfassende und gedeihliche Beaufsichtigung der Kunstdenkmäler erscheint nur möglich bei einer vollständigen Übersicht über den Reichtum an Denkmälern eines Gebietes und aufgrund eines Inventars, das den gesamten Denkmälerbestand eines jeden Ortes von den Kirchengebäuden herab bis zu dem kleinsten Ausstattungsgegenstand ein für allemal festlegt" konstatierte Paul Clemen, der erste Konservator der Rheinprovinz, der zuvor die "Kommission für Denkmälerstatistik" in der Rheinprovinz geleitet hatte und die Reihe "Die Kunstdenkmäler der Rheinprovinz" publizierte. Siehe hierzu *Schyma*, S. 111 f.

27 *Speitkamp*, S. 175.

28 *Speitkamp*, S. 175.

29 *Huse*, Texte, S. 70 ff.

30 Siehe hierzu *Hammer*, S. 61 ff.

31 *Huse*, Texte, S. 90.

32 Hierzu *Gierschner*, S. 3; *Huse*, Texte, S. 39.

33 *Huse*, S. 89.

man gar nicht bemerke.[34] Restauration erfordere mehr Kenntnisse als Genie, mehr Beharrlichkeit als Geistesfülle, mehr Gewissenhaftigkeit als Enthusiasmus, mehr Aufopferung als Gewinnstreben.[35] Beginnend in den 1850er Jahren formierte sich massiver Widerstand gegen den "vandalisme restaurateur".[36]

Die neuere Denkmalpflege verstand ihre Rolle eher treuhänderisch. Die Denkmäler gehörten deren Erbauern und den künftig nachfolgenden Generationen. Deshalb seien sie zu erhalten und zu pflegen, nicht zu restaurieren. Jede Restaurierung sei Lüge. Die Wiederbelebung eines Baudenkmals sei so unmöglich wie die Wiederbelebung eines Toten. Der eigentliche Wert eines Baudenkmals liege in seinem Alter und seinen Spuren.[37] Die Restaurierung bedeute Zerstörung der Spuren und damit des Denkmals. Die Denkmäler müssten vor allem vor den Restauratoren geschützt werden. Das Ergebnis ihrer verschwendeten Arbeit sei eine leblose Fälschung. Schließlich sei eine Krücke immer noch besser als ein verlorenes Glied.[38]

Denkmalschutz ist Informationsschutz.[39] Wer die endgültige Vernichtung von Informationen verhindern will, muss Denkmäler deshalb nicht nur zu erhalten versuchen, sondern auch vor Veränderungen schützen. Ein verändertes Denkmal trägt nicht mehr die Spuren der Geschichte. Dem veränderten Denkmal fehlt die Identität der künstlerischen Ausstrahlung. Sein ästhetischer Genusswert ist zerstört.

---

34 *Huse*, S. 67.

35 *Huse*, S. 85.

36 *Huse*, S. 90.

37 Zum Vorrang des Originals als Spurenträger siehe *Oebbecke*, Denkmalrekonstruktionen, DÖV 1989, 605, der aber aufzeigt, dass auch Rekonstruktionen Denkmalwert haben können, weil es nicht ausschließlich auf den historischen Zeugniswert ankommt. Neben künstlerischen Gesichtspunkten kommt zum Beispiel auch die Förderung des Geschichtsbewusstseins in Betracht.

38 *Huse*, S. 89 ff.

39 Hierzu *Oebbecke*, Zur Rolle der Denkmalpflegeämter, S. 128 f.

3. Subjekt der Denkmalpflege

Grundsätzlich kann man Denkmalschutz der ausschließlichen Verantwortung des jeweiligen Eigentümers überlassen oder aber Denkmalschutz als Aufgabe der staatlichen Gemeinschaft verstehen.

Als man diese Grundsatzfrage Anfang des 19. Jahrhunderts stellte, wehrte sich die Kirche gegen staatliche Denkmalpflege, weil sie die Staatsbürokratie als inkompetent empfand. Seit Jahrhunderten hatten die Kirchen ihre sakralen Schätze und Gebäude eigenverantwortlich geschützt, wobei liturgischen Aspekten eine wesentliche Bedeutung zukam. Deshalb befürchteten die Kirchen eine geistige Entfremdung ihres Denkmalschatzes durch staatliche Einmischung. Es bestand sogar die Furcht vor erneuter Säkularisierung.[40]

Auch adelige Denkmaleigentümer standen staatlich oktroyiertem Denkmalschutz misstrauisch gegenüber. Viele Schlösser einschließlich des wertvollen Inventars dienten dem Adel als Wohnsitz. Man fürchtete Eingriffe in die Privatsphäre, wenn staatliche Behörden erst einmal unter dem Deckmantel des Denkmalschutzes Zugriff auf privates Eigentum nähmen.[41]

Mancher Politiker wandte sich ebenfalls gegen eine Verrechtlichung des Denkmalschutzes. Denkmalschutz stehe einer zeitgemäßen sozialen Entwicklung, namentlich von Technik und Verkehr, im Wege und sei schon deshalb keine Staatsaufgabe.[42] Außerdem benötige ein funktionsfähiger Denkmalschutz eine durchstrukturierte Denkmalverwaltung, damit die gesetzlichen Schutzregeln überwacht werden könnten. Das blähe den Staatsapparat unnötig auf. Die finanziellen Mittel reichten weder für den Aufbau der Verwaltung noch für Entschädigungen, die wegen Eigentumsbeschränkungen an private Denkmaleigentümer zu zahlen seien.[43]

---

[40] *Hammer*, S. 103.; *Speitkamp*, S. 180.
[41] *Hammer*, S. 102 ff.
[42] *Hammer*, S. 104.
[43] *Hammer*, S. 104 f. ; *Speitkamp*, S. 180.

Selbst einigen Konservatoren erschien eine Verrechtlichung und Bürokratisierung weniger sachdienlich als informelle Einflussnahme durch Beihilfen und fachliche Beratung.[44] Die naheliegende Selbstverantwortung des Eigentümers[45], aber auch Gründe der größeren Effektivität ohne staatlichen Zwang und ohne Bürokratie sprächen für das Freiwilligkeitsprinzip.[46] Die staatliche Denkmalpflege könne sich darauf beschränken, den Eigentümer durch entsprechende Animation zielgerichtet zu beeinflussen. Tatsächlich gab es Ansätze, auf den Idealismus und das Kunstinteresse des privaten Denkmaleigentümers zu bauen. Allerdings wurde das Vertrauen in Überzeugungskraft und Bildung idealistisch überschätzt.[47] Das kann jedenfalls bei wirtschaftlicher Betrachtung auch nicht verwundern. Wenn die Kosten den Nutzen übersteigen, stellt ein sich rational verhaltender Eigentümer die Erhaltung ein.[48]

Letztlich setzte sich aber die Erkenntnis durch, dass nicht nur die Pflege der Denkmäler wegen der Fachkompetenz staatlich organisiert werden müsse, sondern auch der Schutz der Denkmäler wegen des Eingriffs in die Rechte des Eigentümers ein rechtlich geordnetes Verfahren benötige.[49]

Viele Denkmäler wurden aus Unkenntnis ihres Wertes beschädigt oder vernichtet. Auch die verengende romantische Verklärung hatte zur Bevorzugung herausragender Denkmäler des Mittelalters und zur Vernachlässigung weniger spektakulärer Objekte geführt. Hinzu kamen Restaurierungsfeldzüge, deren vorgebliches Ideal zwar stilgerechte Purifizierung und Verschönerung war, die aber zu entsprechend großen Verlusten alter Originalsubstanz führten.[50]

Kunstdenkmäler sind öffentliches Kulturgut. Es bedarf deshalb des treuhänderischen Schutzes auch der Denkmäler, die zeitgenössischen

---

[44] *Speitkamp*, S. 180.

[45] *Oebbecke*, Zur Rolle der Denkmalpflegeämter, S. 129 weist darauf hin, dass der Eigentümer der nächstliegende Denkmalschützer ist, weil er das Denkmal im eigenen Interesse nutzt und die Kosten seiner Unterhaltung trägt.

[46] *Hammer*, S. 49, Fn. 34 weist mit zahlreichen Quellen auf diese historische Debatte hin.

[47] *Hammer*, S. 106.

[48] *Oebbecke*, Zur Rolle der Denkmalpflegeämter, S. 129 f. sieht darin auch einen Grund für staatliche Denkmalpflege.

[49] Siehe hierzu *Oebbecke*, Zur Rolle der Denkmalpflegeämter, S. 129 ff.

[50] *Hammer*, S. 60 f.

Geschmacksnormen nicht entsprechen.[51] Diese Verpflichtung zur Kontinuität[52] lässt sich nur durch die Bündelung von Sachverstand in einer von Wirtschaftsinteressen weitgehend unabhängigen staatlichen Fachbehörde erreichen. Dies gilt umso mehr, als die finanziellen Mittel für die Pflege gerade auch der Denkmäler, deren Zeugniswert sich dem Laien schwer erschließt, nur durch öffentliche Abgaben aufgebracht werden können.

Ziel eines organisierten Denkmalschutzes ist, Denkmäler vor Beschädigung oder Zerstörung zu bewahren, um sie als Spurenträger zu erhalten.[53] Ziel ist aber auch, der Öffentlichkeit die Teilhabe am historischen Erlebnis notfalls auch gegen den Willen des Eigentümers zu ermöglichen. Diese Ziele müssen mit Zwang durchgesetzt werden können. Der verantwortliche Träger des Denkmalschutzes muss deshalb von der fachlichen Anordnung bis hin zur Enteignung legitimiert sein. Diese Anforderungen erfüllt nur eine staatliche Behörde mit entsprechender gesetzlicher Ermächtigung. Letztendlich gilt auch hier, dass die als Ausgleich für den Eingriff in Eigentumsrechte zu zahlende Entschädigung nur solidarisch, also aus Steuermitteln aufgebracht werden kann.

Zusammenfassend: Ziel der Denkmalpflege ist die Erhaltung vielfältiger historischer Spurenträger im öffentlichen Interesse. Hierzu bedarf es der Aufnahme und kontinuierlichen Pflege des Bestandes sowie fachgerechter Konservierungs- und Schutzmaßnahmen einzelner Objekte. Dies ist nur durch Bündelung des Sachverstandes in einer unabhängigen Fachbehörde gewährleistet. Denkmalschutz muss durchsetzbar sein. Das geschieht intern durch eine hierarchisch gegliederte Struktur und extern durch justitiable Eingriffsermächtigungen. Insofern sind Ziel und Struktur der Denkmalpflege und des Denkmalschutzes staatliche Aufgaben.

---

51 *Huse*, Texte, S. 62 f.

52 *Huse*, Texte, S. 62 f.

53 *Oebbecke*, Zur Rolle der Denkmalpflegeämter, S. 129 ff.

II. Organisation

1. Memorandum zur Denkmalpflege

Auch Schinkel gehörte zu den Verfechtern einer staatlichen Denkmalpflege. In seinem Memorandum zur Denkmalpflege von 1815[54] begründete Schinkel deren Notwendigkeit und zog Konsequenzen für die Organisation.

Gegenstände, die nicht unmittelbar dem Staate Nutzen schafften, seien bislang keiner besonderen Behörde zur Verwaltung und Obhut zugeteilt. Ohne Rückfrage höheren Ortes und häufig ohne Sachverstand maßten sich Regierungen, Geistlichkeit, Magisträte und Gutsherren an, eher zufällig oder eines eingebildeten augenblicklichen Vorteils wegen über das Schicksal von Denkmälern und Altertümern zu entscheiden. Hierdurch habe das Vaterland schon unendlich viel von seinem schönsten Schmuck verloren. Wenn der Staat jetzt nicht allgemeine und durchgreifende Maßregeln anwende, werde das Vaterland in kurzer Zeit nackt und kahl dastehen.

Schinkel plädierte für die Schaffung sogenannter Schutzdeputationen. Hierbei sollte es sich um eigene lokale Behörden handeln. Deren Mitglieder sollten verschiedenen Ständen (Geistliche, Lehrer, Baumeister, Künstler) angehören, um durch Erfahrungsaustausch Sachverstand zu bündeln und sachfremde Entscheidungen - wie etwa den Verkauf sakraler Kunstschätze aus Gewinnsucht - zu verhindern.[55] Die fachliche Aufgabe dieser Deputationen bestehe in der fachlichen Begutachtung der Kunstdenkmäler. Organisatorisch sollten diese Fachbehörden unter den Provinzialregierungen angesiedelt sein. Die Regierungen sollten zur Schaffung der Fachbehörden ein eigenständiges Ressort bilden, das sich aus Vertretern des Bau- und Kultusressorts zusammensetze.

---

54 *Huse*, Texte, S. 70 ff.

55 *Huse*, Texte, S. 70 f.

Eine noch zu erlassende Instruktion müsse aber ausdrücklich bestimmen, dass keine Entscheidung "ohne genaue Anzeige und Rückfrage höheren Ortes getan werde"[56].

Zusammengefasst: Nach Schinkels Idealvorstellung bedarf wirksame Denkmalpflege einer arbeitsteiligen Organisation. Der Kultusminister fungiert als oberste Entscheidungsinstanz. Dessen Entscheidungen werden durch gutachtende Fachbehörden, die interdisziplinär besetzt und unterhalb der Provinzialregierungen angesiedelt sind, vorbereitet. Zu diesem Zweck berichten die Fachbehörden dem Minister unmittelbar.

2. Kabinettsorder vom 14. Oktober 1815

Das Memorandum Schinkels bewirkte folgende königliche Kabinettsorder[57] vom 14. Oktober 1815:

> "Auf Ihren Bericht vom 27. d. Mts. setze Ich hierdurch fest, daß bei jeder wesentlichen Veränderung an öffentlichen Gebäuden oder Denkmälern diejenige Staatsbehörde, welche solche vorzunehmen beabsichtigt, zuvor mit der Oberbaudeputation kommunizieren und, wenn diese nicht einwilligt, an den Staatskanzler Fürsten von Hardenberg zur Einholung Meines Befehls, ob die Veränderung vorzunehmen, berichten soll"[58].

Der Inhalt bleibt jedoch hinter den Forderungen nach wirksamer Denkmalpflege zurück. Das Erfordernis, die Zustimmung der Oberbaudeputation einzuholen, bezog sich nur auf Gebäude, die im öffentlichen Eigentum standen. Denkmäler, die im privaten Eigentum standen und gerade deshalb staatlichen Schutzes bedurften, wurden vom Zustimmungserfordernis nicht erfasst. Zustimmungspflichtig waren nur wesentliche Veränderungen an Baudenkmälern. Wenn also die ausführende

---

[56] *Huse*, Texte, S. 70.

[57] Einverständniserklärung des Königs mit einem Regelungsvorschlag der Staatsregierung, die nach Inhalt und Wirkung trotz mangelnder Veröffentlichung als Gesetz im materiellen Sinne anzusehen ist (*Gumprecht*, S. 418).

[58] Zitiert bei *Huse*, Texte S. 66 mit Quellennachweis.

Staatsbehörde die beabsichtigten Veränderungen für unwesentlich hielt, versagte der staatliche Schutz.

Immerhin wurde aber durch die Kabinettsorder festgestellt, dass der Schutz von (öffentlichen) Baudenkmälern Aufgabe des Staates ist. Außerdem wurde der Forderung nach Differenzierung zwischen gutachtender Fachbehörde einerseits und zentraler Entscheidungsinstanz andererseits differenziert.

3. Kabinettsorder vom 7. März 1835

Mit Allerhöchster Kabinettsorder vom 7. März 1835 wurden die Zuständigkeit verlagert und der Kreis der zu schützenden Objekte erweitert.

Die Konservation der Baudenkmäler und Ruinen wurde dem Minister der geistlichen, Unterrichts- und Medizinal-Angelegenheiten (kurz: Kultusminister) übertragen.[59]

Der Kultusminister war nicht nur bei geplanten Veränderungen von Baudenkmälern als Entscheidungsinstanz einzuschalten. Vielmehr musste sich die Regierung in allen Fällen an das Ministerium wenden, in denen die Konservation Bedeutung für die Geschichte, Wissenschaft und Technik haben konnte.[60]

Dieser durch seine Bezugspunkte außerhalb des reinen Bauwerks weite Denkmalbegriff erklärt die Verlagerung der Zuständigkeit vom Bau- zum Kultusministerium. Die außerhalb der Bausubstanz liegenden Komponenten erschlossen sich nur durch Bündelung spezifischen Fachwissens auch aus den neueren Disziplinen wie etwa der Kunstgeschichte. Gleichzeitig erfuhr die so entstandene selbständige Disziplin der Denkmalpflege durch die Herausnahme aus der Bauverwaltung eine gewisse Aufwertung und Unabhängigkeit.

---

[59] *Gierschner*, S. 10, *Knopp*, S. 90, *Huse*, Texte, S. 66.

[60] *Huse*, Texte, S. 67.

4. Kabinettsorder vom 1. Juli 1843

Durch Allerhöchste Kabinettsorder vom 1. Juli 1843 wurde das Amt des Konservators der Kunstdenkmäler in Preußen (Staatskonservator) geschaffen, um der Erhaltung der im öffentlichen Besitz befindlichen Kunstdenkmäler eine Grundlage zu geben, die Kenntnis des Wertes dieser Denkmäler zu verbreiten und deren Konservation oder Restauration nach bestimmten und übereinstimmenden Prinzipien durchzuführen.[61]

Die Stellung des Konservators innerhalb der Verwaltung, seine Aufgaben und Befugnisse ergaben sich aus der Zirkularverfügung des Kultusministers vom 24. Januar 1844[62] und sind in der Instruktion für den Konservator der Kunstdenkmäler vom selben Tag noch einmal zusammengefasst.[63]

Der Konservator der Kunstdenkmäler war Staatsbeamter und als solcher unmittelbar dem Kultusminister unterstellt. Er hatte das Privileg, diesem unmittelbar, also ohne Einhaltung eines Dienstweges, zu berichten.

Der Staatskonservator hatte die Aufgabe, Inventare zu errichten und fortzuschreiben. Die hierzu erforderlichen Kenntnisse hatte er sich vor Ort, also durch Bereisung der Provinzen zu verschaffen. Ihm oblag die Vorprüfung und Begutachtung von Restaurierungsvorhaben an Kulturdenkmälern, bevor die Baubehörden eine Entscheidung über das Vorhaben fällten.[64]

Ferner sollte der Konservator den Kontakt zu den örtlichen Altertums- und Geschichtsvereinen pflegen, um sich selbst über die vorhandenen Denkmäler zu informieren, aber auch, um beratend auf die örtliche Denkmalpflege Einfluss zu nehmen.

Die Aufgaben des Konservators bezogen sich nur auf Objekte im öffentlichen Eigentum. Der Konservator hatte also keine Möglichkeit,

---

61 Auszugsweise zitiert bei *Huse*, Texte, S. 68 f. und Anm. 17 (Hinweis auf *Reimers*, Handbuch für die Denkmalpflege, 4. Aufl., Hannover 1912).
62 Wiedergegeben im Anhang Nr. 1; Quellennachweise bei *Gierschner*, S. 10.
63 Wiedergegeben im Anhang Nr. 2; Quellennachweis bei *Bader*, S. 16.
64 *Gumprecht*, S. 418.

denkmalschützende Maßnahmen mit staatlichem Zwang gegen Privateigentümer durchzusetzen. Sofern keine baupolizeilich relevante Störung vorlag (für deren Beseitigung der Konservator ohnehin nicht zuständig war), beschränkte sich der Einfluss des Staates darauf, den Eigentümer durch Gewährung staatlicher Beihilfen zur Vornahme denkmalpflegerischer Maßnahmen zu bewegen.[65]

Hinsichtlich der Restaurierungen an öffentlichen Gebäuden stand dem Konservator bei Gefahr im Verzug ein Sistierungsrecht zu. Wenn der Konservator der Auffassung war, ein Denkmal müsse unversehrt erhalten oder fachlich anders restauriert werden, konnte er den lokalen Behörden die Durchführung von Baumaßnahmen vorläufig untersagen. Er hatte dann seinen entsprechenden Bericht dem Kultusminister zur endgültigen Entscheidung vorzulegen.[66]

Zusammenfassend: Es bedarf staatlicher Organisation, um Denkmäler nach allgemeinverbindlichen Regeln mit staatlicher Autorität schützen zu können. Die vom Minister zu treffenden Entscheidungen sollten durch Fachbehörden vorbereitet werden. Diese Fachbehörden sollten interdisziplinär besetzt und dezentral organisiert sein, um den Erkenntnisprozess nicht einzuschränken. Durch die Kabinettsorder vom 14. Oktober 1815 wurde Denkmalschutz als Staatsaufgabe erkannt und organisatorisch zwischen gutachtender Fachbehörde und Entscheidungsinstanz differenziert. Infolge des interdisziplinären Ansatzes eines erweiterten Denkmalbegriffes wurde die Zuständigkeit für die Denkmalpflege auf das Kultusministerium verlagert. Am 1. Juli 1843 wurde das Amt des Konservators der Kunstdenkmäler in Preußen geschaffen. Die Aufgaben des Staatskonservators bestanden in Inventarisierung, Begutachtung und Beratung. Mit Ausnahme eines Sistierungsrechts bei Gefahr im Verzug standen dem Konservator keine Eingriffsbefugnisse zu. Er hatte allerdings das Recht, den Minister in Angelegenheiten der Denkmalpflege unmittelbar anzurufen und dessen Entscheidung herbeizuführen.

---

[65] *Gumprecht*, S. 419.
[66] *Gumprecht*, S. 418.

B. Die Dezentralisierung der staatlichen Denkmalpflege

I. Scheitern der zentralen Denkmalpflege

Wie schon dargestellt, hatte Schinkel in seinem Memorandum empfohlen, die Zuständigkeit für die Denkmalpflege bei den Provinzialregierungen anzusiedeln. Den Provinzialregierungen sollten örtliche Schutzdeputationen für die fachliche Beratung zur Verfügungen stehen. Der Staat sollte sich darauf beschränken, die provinzielle Denkmalpflege zu beaufsichtigen. Entgegen dieser Empfehlung war die Organisation der staatlichen Denkmalpflege dem zentralstaatlichen französischen System gefolgt.[67] Dieses Konzept scheiterte.

Das zentralistische System wurde der Verschiedenheit der in der preußischen Monarchie vereinten Landschaften[68] und dem Bedürfnis nach kultureller Selbstverwaltung in den Provinzen[69] nicht gerecht. Die Provinzen fürchteten Funktions- und Rangverlust. Sie strebten nach staatlicher Kompetenz und widmeten sich verstärkt der Denkmalpflege. Der Ausbau eigener Kulturstaatlichkeit sollte generell föderalistische Kompetenz demonstrieren, aber auch regionale Identität und Heimatbewusstsein der Einwohner fördern.[70]

Vielen Bewohnern der Rheinprovinz[71] galt der preußische Staat von Anfang an als geradezu kulturlos.[72] Preußen, der abseits gelegene finanzschwache Staat mit bäuerlichen Strukturen und protestantischer Bevölkerung, war der rheinischen Mentalität, die wegen der Grenzlage traditionell von Vermischung und Austausch geprägt war, fremd.[73] Schon das Rechtssystem, das infolge der Besetzung durch Frankreich durch die Ideale der französischen Revolution

---

67 Hierzu *Gierschner*, S. 10 f.
68 *Gumprecht*, S. 418.
69 *Bader*, S. 16.
70 *Speitkamp*, S. 177.
71 1822 wurden die Provinzen Jülich-Kleve-Berg und Niederrhein (auch "Rheinlande" genannt), die Preußen auf dem Wiener Kongress 1815 zugesprochen worden waren, zur preußischen Rheinprovinz vereinigt.
72 *Trippen*, S.102.
73 Zur rheinischen Mentalität: *Jörg Engelbrecht*, Das Rheinland und die Rheinländer, in: Rheingold, Menschen und Mentalitäten im Rheinland. Eine Landeskunde, Köln Weimar Wien 2003.

beeinflusst war, unterschied sich von der als rückständig empfundenen Rechtsordnung Preußens.[74]. In Köln meinte man sogar, eine feindselige Haltung feststellen zu können, weil der preußische Staat eine Metropolitanstellung[75] der alten Reichsstadt verhindern wollte. Darüber hinaus wurde die Gründung einer rheinischen Universität in Köln ebenso abgelehnt wie die Gründung eines rheinischen Zentralmuseums mit dem Sitz in Köln. Die Kunstakademie wurde in Düsseldorf angesiedelt. Sitz des Oberpräsidiums wurde Koblenz.[76] Schließlich beklagten die Rheinländer allgemein die Indolenz Preußens gegenüber den Denkmälern in der Rheinprovinz.[77]

In dieser Situation versprach sich der preußische Staat von der Verlagerung der Denkmalpflege in die Provinzen nicht nur eine Aufwertung lokaler Denkmäler, sondern auch eine Integration der Provinzen in das Staatsgefüge, also eine Stärkung des Zugehörigkeits- und Identifikationsempfindens. Um diese Ziele zu erreichen, musste eine provinzielle Denkmalbehörde fachlich kompetent und administrativ effizient sein. Sie musste darüber hinaus die politischen Vorgaben auch loyal, also unter weisungsgebundener staatlicher Aufsicht durchsetzen.[78]

Aber nicht nur das Unabhängigkeitsstreben der Provinzen führte zum Scheitern der zentralstaatlichen Organisation. Auch der allein agierende Konservator der Kunstdenkmäler in Preußen beklagte eine angesichts der Fülle und Weite der Aufgaben nicht mehr zu bewältigende Arbeitsbelastung. Dies galt umso mehr, als der preußische Staat im Jahr 1866 noch um Schleswig-Holstein,

---

[74] Den Rheinländern wohne "das unzerstörbare Bedürfnis der vollkommenen Gleichheit der Bürger in allen administrativen und judiziären Institutionen inne" (*Hansen*, Rheinland und Rheinländer, S. 298 f).

[75] Sitz des katholischen Erzbischofs

[76] Hierzu *Verbeek*, S. 94 f.

[77] Siehe hierzu die Zitate bei *Knopp, S. 90:* "Die ersten Rufe nach großzügiger Sammlung und Sicherung der bedrohten Denkmäler sind im Rheinland erklungen, weit ehe Schinkel rheinischen Boden betreten hat" (*August Klein*); "Altenberg liegt auch in den Ruinen und im Prozesse, Laach geht denselben Weg, und so verbindet sich die Indolenz der Einheimischen ganz vortrefflich mit der Missgunst der anderen, und haben wir die Hoffnung, den Rhein so kahl zu sehen, wie es der Norden nie aufgehört hat zu sein" (*Görres).*

[78] *Speitkamp*, S. 177.

Hannover, Hessen-Kassel, Hessen-Hamburg und Frankfurt/Main erweitert worden war.[79]

Darüber hinaus war das Amt des Staatskonservators finanziell unzureichend ausgestattet. Selbst der Staatskonservator plädierte vor diesem Hintergrund für eine Dezentralisierung der Denkmalpflege. Allerdings blieben seine Hilferufe zunächst ohne Ergebnis.[80]

Zwar begrüßte und förderte der preußische Staat durchaus das vom Bildungsbürgertum getragene Engagement der örtlichen Geschichts- und Altertumsvereine, weil er sich hiervon Staatsbindung und Legitimation der staatlichen Denkmalpflege versprach.[81] Jedoch hielt die Regierung in Berlin zunächst an der überkommenen Organisationsform fest und versuchte, der Aufgabenfülle durch Unterstützung des Staatskonservators zu begegnen. Hierzu wurde durch Allerhöchste Kabinettsorder vom 12. Januar 1853 die "Zentrale Kommission zur Erforschung und Erhaltung der Denkmäler" gegründet. Deren Wirkungslosigkeit zeigte sich schon darin, dass sie bereits am Ende ihres Gründungsjahres die letzte Sitzung abhielt. Stattdessen ernannte sie sogenannte Korrespondenten. Diese sollten den Bestand und die Gefährdung der Kunstdenkmäler vor Ort ermitteln und hierüber Bericht erstatten. Das führte jedoch letztlich nur zu einer ungeordneten Materialfülle, die mangels staatlicher Autorität und Organisation keine positiven Folgen für die Denkmalpflege hatte. Deshalb stellten die Korrespondenten ihre Tätigkeit alsbald ein.[82]

Zusammenfassend: Die zunächst streng zentralistisch organisierte Denkmalpflege in Preußen bewährte sich nicht. Sie trug weder den kulturellen Unterschieden in den Provinzen noch deren Selbstverwaltungsstreben Rechnung. Der auf sich allein gestellte Konservator der Kunstdenkmäler war angesichts der Größe des zu betreuenden Gebietes und der kargen Finanzausstattung überfordert. Die zu dessen Entlastung eingesetzte "Zentrale Kommission zur Erforschung und Erhaltung der Denkmäler" erwies sich als ebenso wirkungslos wie die von ihr

---

79 *Gierschner*, S. 13; *Gumprecht*, S. 418.
80 *Gierschner*, S. 13.
81 *Gierschner*, S. 12.
82 *Knopp*, S. 91.

eingesetzten Korrespondenten, die ihre Tätigkeit alsbald wieder einstellten. Deshalb bedurfte es einer Neuorganisation der staatlichen Denkmalpflege.

II. Neuorganisation der staatlichen Denkmalpflege

Geburtsstunde der Neuorganisation der staatlichen Denkmalpflege ist die Dotation, also die finanzielle Ausstattung der Provinzen mit Mitteln des Staatshaushalts zur Unterhaltung von Denkmälern sowie die Bildung entsprechender Kommissionen in den Provinzen.

Mit Ausführungsgesetz von 8. Juli 1875[83] überwies Preußen aus den Einnahmen des Staatshaushaltes dort näher bestimmte Summen unter Übertragung der entsprechenden Ausgabeverpflichtung[84] an die Provinzialverbände und legte als Verwendungszweck in § 4 Nr. 6[85] unter anderem die Unterhaltung von Denkmälern fest. Zwar folgten hieraus keine konkreten Verpflichtungen zur Durchführung bestimmter Denkmalpflegemaßnahmen, doch resultierte aus der Ausgabenverpflichtung und der Zweckbindung die den Provinzen auferlegte staatliche Verpflichtung zum Denkmalschutz.[86]

Die finanzielle Ausstattung allein erwies sich als stumpfes Schwert, weil es in den Provinzen an einer fachkundigen Organisation mangelte. Der preußische Kultusminister wies in einem an den Oberpräsidenten der Provinz Brandenburg gerichteten Schreiben vom 7. April 1891 auf die unbefriedigende Situation der staatlichen Denkmalpflege hin. Es bestehe das dringende Bedürfnis, die nebeneinander wirkenden Denkmalpflegemaßnahmen von Staat, Provinzen und

---

83 GS 497 ff.

84 § 1 des Ausführungsgesetzes: "Behufs Ausstattung mit Fonds zur Selbstverwaltung wird den Provinzialverbänden eine fernere Summe von jährlich 7.440.000 Mark (2.480.000 Thaler) aus den Einnahmen des Staatshaushaltes, unter Übertragung der entsprechenden Ausgabeverpflichtungen überwiesen".

85 § 4 Nr. 6 des Ausführungsgesetzes: "Die Überweisung der Summen an die Kommunalverbände erfolgt zur Verwendung für folgende Zwecke: 6) Leistung von Zuschüssen für Vereine, welche der Kunst und Wissenschaft dienen, desgleichen für öffentliche Sammlungen, welche diese Zwecke verfolgen, Erhaltung und Ergänzung von Landesbibliotheken, Unterhaltung von Denkmälern".

86 *Hammer*, S. 116 f.

Kommunen, aber auch privaten Geschichts- und Altertumsvereinen, Gesellschaften und Privatpersonen zu koordinieren, also durch eine neue Organisation der bisherigen Zersplitterung und Zufälligkeit zu entheben. Dabei solle das Interesse breiter Bevölkerungsschichten an den Aufgaben und Zielen des Denkmalschutzes erhalten bleiben und gefördert werden.[87]

Zur Erreichung dieses Zieles sollten flächendeckend Provinzialkommissionen zur Erforschung und zum Schutz der Denkmäler gebildet werden. Diesen Kommissionen sollte ständig ein Sachverständiger zur Seite stehen, der sogenannte Provinzialkonservator. Dieser sollte wie der Konservator der Kunstdenkmäler in Berlin staatlicher Delegierter des preußischen Kultusministers sein.[88]

Im Immediatbericht vom 4. November 1891 berichtete der Kultusminister von erfreulicher Aufgeschlossenheit gegenüber seinen Vorschlägen in den Provinzialverbänden und bat um allerhöchste Genehmigung zu einem allgemeinen Organisationsplan der Denkmalpflege.[89] König Wilhelm II. entsprach diesem Wunsch. Durch Allerhöchste Kabinettsorder vom 19. November 1891 übertrug er die Zuständigkeit des Staatskonservators für den Bereich der jeweiligen Provinz auf ein neues Organ, den Provinzialkonservator.[90]

Zusammenfassend: Die Krise der überforderten Denkmalpflege sollte durch eine dezentralisierende Verteilung der Zuständigkeit überwunden werden. Die Provinzen wurden mit staatlichen Mitteln für Denkmalpflegemaßnahmen ausgestattet. Das Interesse für Denkmalpflege sollte durch Einbeziehung örtlicher Vereine und Privateigentümer gefördert werden, wobei eine finanzielle Entlastung der Staatsfinanzen angenehmer Nebeneffekt war. Neben dem Staatskonservator sollte in den einzelnen Provinzen je ein Provinzialkonservator als Delegierter des Ministers agieren.

---

[87] *Knopp*, S. 91 f.
[88] *Knopp*, S. 92.
[89] *Knopp*, S. 93.
[90] Hierzu *Gumprecht*, S. 418 f.

Am Beispiel der Rheinprovinz wird nachfolgend beschrieben, wie die Neuorganisation vollzogen wurde und sich auf Rechtstellung, Zuständigkeit, Aufgaben und Befugnisse des Provinzialkonservators auswirkte.

III. Denkmalpflege in der Rheinprovinz

1. Provinzialverband

Als Preußen 1815 weitere Gebiete hinzugewann, wurde die Verwaltung in 25 Regierungsbezirke und 10 Provinzen, darunter die Rheinprovinz, eingeteilt. Leiter der Provinzialverwaltung war der Oberpräsident. Er handelte in der Provinz für die Ministerien und nahm neben Aufsichtstätigkeiten unter anderem deren Interessen in Kultusangelegenheiten wahr. Durch das Gesetz wegen Anordnung der Provinzialstände[91] für die Rheinprovinz[92] wurde neben der Verwaltung durch den Oberpräsidenten eine ständische Vertretung[93] geschaffen, die unter königlicher Aufsicht und Genehmigung über die Selbstverwaltungsangelegenheiten der Provinz beschloss.

Mit der Provinzialordnung für die Rheinprovinz vom 1. Juni 1887[94] änderte sich die innere Verfassung der Provinzialselbstverwaltung. Der zur Selbstverwaltung seiner Angelegenheiten gebildete Kommunalverband der Provinz, dem die Kreise und seine zugehörigen Ortschaften angehörten, wurde mit den Rechten einer juristischen Person ausgestattet und erhielt die Bezeichnung "Provinzialverband".[95] Die Vertretungen der Stadt- und Landkreise wählten die Abgeordneten des Provinziallandtages. Dieser wählte den Provinzialausschuss als ständiges Verwaltungsorgan des Provinzialverbandes sowie den Landeshauptmann (seit 1891 als "Landesdirektor" bezeichnet), der die Geschäfte der laufenden Verwaltung führte. Zu den Aufgaben des Provinzialverbandes gehörte neben der

---

91 Vom 5. Juni 1823, GS, S. 129 ff.

92 Vom 27. März 1824, GS, S. 101 ff.

93 Zu deren Zusammensetzung *Oebbecke*, Gemeindeverbandsrecht, S. 80.

94 GS, S. 249 ff.

95 *Oebbecke*, Gemeindeverbandsrecht, S. 81.

Verwaltung der eigenen Angelegenheiten die Stellungnahme zu Gesetzentwürfen und die Begutachtung anderer vom Staat vorgelegter Angelegenheiten.[96]

2. Provinzialkommission

Der Provinziallandtag hatte den Provinzialausschuss ermächtigt, unter Hinzuziehung geeigneter Sachverständiger eine Kommission für Denkmalpflege zu installieren.[97] Daraufhin gründete der Provinzialausschuss am 6. Dezember 1892 die "Provinzialkommission für die Denkmalpflege in der Rheinprovinz"[98]. Diese bestand zunächst aus dem Provinzialausschuss und zwölf sachverständigen Mitgliedern.[99] Die Aufgaben der Kommission entsprachen den Aufgaben des Staatskonservators.

Durch systematische Bereisung der Provinz, Aufnahmen und Kartierungen sollte der Denkmälerbestand inventarisiert werden. Hierbei sollten Kontakte zu Denkmaleigentümern geknüpft und gepflegt werden, um deren Verständnis für den Wert und das Interesse an der Erhaltung der Denkmäler zu wecken. Auch der Kontakt zu örtlichen Geschichts- und Altertumsvereinen, deren ideelles und finanzielles Engagement die staatlichen Bemühungen unterstützte, hatte einen hohen Stellenwert.

Der Provinzialkommission oblag die Planung von Maßnahmen zur Erforschung und zum Schutz der Denkmäler. Sie hatte den drohenden Verfall von

---

96 *Oebbecke*, aaO.

97 *Mainzer*, S. 17.

98 In der Provinz Westfalen gründete der Provinzialausschuss aufgrund der ihm durch den Provinziallandtag erteilten Ermächtigung die "Provinzialkommission zur Erforschung und Erhaltung der Denkmäler in der Provinz". Diese bestand aus 14 Mitgliedern des Provinzialausschusses und 18 "Interessenten" unter Vorsitz des Landesdirektors. Nach 1918 wurde sie nicht mehr gebildet. Siehe hierzu *Gumprecht*, S. 419.

99 1911 wurde die Kommission zum "Denkmälerrat" zusammengefasst. 1923 wurde die Organisation gestrafft. Der Kommission, die unter Vorsitz des Landesdirektors tagte, gehörten nur noch vier Ausschussmitglieder, vier vom Provinzialausschuss gewählte Sachverständige und der Provinzialkonservator als beratendes Mitglied an. Hierzu: *Renard*, Die Entwicklung der provinziellen Denkmalpflege in der Rheinprovinz, wiedergegeben bei *Bader*, S. 17 ff.

Denkmälern anzuzeigen und die Behörden bei den einzuleitenden Gegenmaßnahmen fachlich zu beraten.

Darüber hinaus fungierte die Provinzialkommission als Herausgeberin wissenschaftlicher und künstlerischer Publikationen. Sie entschied über die Vergabe der im Haushalt des Provinzialverbandes für Restaurierungs- und Instandhaltungsmaßnahmen bereitgestellten Mittel. Schließlich war es ihre Aufgabe, den Provinzialkonservator zu wählen.[100]

3. Provinzialkonservator

Bereits auf ihrer konstituierenden Sitzung am 30. Mai 1893 wählte die Kommission Paul Clemen, den Leiter der Inventarisation in der Rheinprovinz, zum zunächst ehrenamtlich tätigen Provinzialkonservator. Der Kultusminister bestätigte die Wahl mit Verfügung vom 1. Juli 1893 und übertrug dem Gewählten aufgrund der Kabinettsorder vom 19. November 1891 alle Rechte und Pflichten, die sich aus der Instruktion für den Staatskonservator vom 24. Januar 1844 ergaben mit der Maßgabe, dass der Provinzialkonservator dem Staatskonservator der Kunstdenkmäler in Berlin unmittelbar unterstellt und dementsprechend verpflichtet war, diesem in allen wichtigen Fällen zu berichten.[101] Hieraus ergaben sich für die Stellung des Provinzialkonservators innerhalb der Verwaltung, für die ihm zugewiesenen Aufgaben und für seine Befugnisse Konsequenzen.

Der Provinzialkonservator nahm eine Doppelstellung ein. Einerseits nahm er Aufgaben des Staatskonservators aufgrund persönlicher Delegierung wahr. In dieser Eigenschaft war er Delegierter des Staatskonservators der Kunstdenkmäler in Berlin und - neben diesem - eigenes Unterorgan des preußischen Kultusministers. Andererseits war der Provinzialkonservator örtliches Organ, nämlich Bediensteter des Provinzialverbandes. Hier unterstützte er als sachverständiger Beirat die Aufgaben der Provinzialkommission.[102] Die Reiseaufwendungen des

---

[100] Hierzu die Auflistung bei *Knopp*, S. 92.

[101] *Mainzer*, S. 17.

[102] *Gumprecht*, S. 419 f., weist darauf hin, dass das Amt des Provinzialkonservators (ab 1946: Landeskonservator) in Nordrhein-Westfalen auch nach Wegfall der

Provinzialkonservators teilten sich entsprechend dessen Doppelstellung Staat und Provinz hälftig.[103] 1911 wurde der Konservator der Rheinprovinz planmäßig durch den Provinziallandtag angestellt.[104] Grund für diese Doppelstellung war die Absicht, einerseits das Selbstverwaltungsrecht der Provinz zu stärken, ohne andererseits die staatliche Leitungskompetenz in fachlicher und organisatorischer Hinsicht aufzugeben.[105]

Aus der Delegierung staatlicher Aufgaben ergaben sich für den Provinzialkonservator zusätzliche Verpflichtungen, aber auch ein gewisses Maß an Unabhängigkeit. Wie schon dargestellt, legte die Instruktion vom 24. Januar 1844 dem Staatskonservator die Verpflichtung auf, dem Kultusminister unmittelbar zu berichten. Aufgrund solcher Berichte erteilte der Kultusminister dem Staatskonservator nähere Anweisungen im Hinblick auf die Konservation der Altertümer. Da diese Dienstanweisung auch für den Provinzialkonservator galt, ergab sich für diesen zwar die gleiche Berichtspflicht, aber auch sein persönliches Recht, unmittelbar die Entscheidung des Kultusministers herbeizuführen, wenn er in denkmalpflegerischen Angelegenheiten eine andere Auffassung als der Provinzialverband oder die Provinzialkommission vertrat.[106] Im Rahmen der staatlichen Delegierung war der Provinzialkonservator nicht in den Instanzenweg des Provinzialverbandes eingebunden und konnte durch dessen Organe folglich nicht gehindert werden, den Minister einzuschalten. Darüber hinaus war der Provinzialkonservator an fachliche Weisungen des Provinzialverbandes nicht gebunden[107], sondern hatte nur die Weisungen des Kultusministers zu befolgen.[108]

Zentralinstanz in Berlin bis zu Erlass des Denkmalschutzgesetzes 1980 fortbestanden hat.

[103] *Gumprecht*, S. 419 f.

[104] *Bader*, S. 16.

[105] *Speitkamp*, S. 178.

[106] Das Recht der unmittelbaren Ministeranrufung hat sich bis heute in § 21 Abs. 4 S. 3 DSchG fortgesetzt.

[107] Auch heute sind die Denkmalpflegeämter in der Nachfolge der Provinzial- und Landeskonservatoren gem. § 22 Abs. 4 DSchG an fachliche Weisungen nicht gebunden.

[108] *Knopp*, S.93, meint, durch die Stellung als Verbindungsglied zwischen der Denkmalpflege in der Provinz und den staatlichen Organen sei der Provinzialkonservator Garant für die Aufrechterhaltung einheitlicher Grundsätze bei der Erhaltung und Restaurierung von Denkmälern; *Bader*, S.16, sieht den Wert der Doppelstellung in der Unabhängigkeit von anderen Ressorts der Regierung, wie etwa der Bauverwaltung.

Auch hinsichtlich der dem Provinzialkonservator obliegenden Aufgaben kann zunächst auf die Zirkularverfügung vom 24. Januar 1844[109] und die Instruktion vom selben Tage[110] verwiesen werden. Aus der Stellung als Provinzialkonservator ergeben sich jedoch Besonderheiten:

Die Hauptaufgabe des Provinzialkonservators bestand darin, als sachverständiges Organ der Provinzialkommission für die Denkmalpflege in der Rheinprovinz deren Beschlüsse auszuführen.[111] Wesentliche Bedeutung kam hierbei der Verwendung von Beihilfemitteln für die Restaurierung und Erhaltung von Bau- und Kunstdenkmälern zu. Der Provinzialkonservator prüfte nämlich die an die Kommission gerichteten Anträge und erstellte hierzu Gutachten, denen die Kommission in aller Regel folgte.[112]

Ferner gehörte es zu den Aufgaben des Provinzialkonservators, die von ihm in seiner Eigenschaft als Leiter der "Kommission für die Denkmälerstatistik in der Rheinprovinz" angelegte Denkmälerinventarisation fortzuführen und zu pflegen[113], um einen Überblick über den Denkmälerbestand zu bekommen.

Aber nicht nur die Erfassung der Denkmäler sondern auch deren Pflege und Instandsetzung gehörten zum Aufgabenbereich des Provinzialkonservators. Hier oblag ihm die vorbereitende Beratung und die fachliche Überwachung von Instandsetzungsarbeiten.[114] Die Fürsorge für die Baudenkmäler sollte bereits im Vorfeld konkreter Maßnahmen durch denkmalspezifische Vorträge unterstützt werden. Ferner sollte das Interesse an der Denkmalpflege durch Förderung der Geschichts- und Altertumsvereine geweckt werden.[115]

Die Denkmalpflege wuchs durch zunehmende Differenzierungen zur eigenständigen Wissenschaft heran. Der Konservator hatte dies durch entsprechende Publikationen zu fördern. So wurden von 1896 bis 1917 jährliche "Berichte über die Tätigkeit der Provinzialkommission für die Denkmalpflege in

---

109 Wiedergegeben im Anhang Nr. 1.

110 Wiedergegeben im Anhang Nr. 2.

111 *Knopp*, S. 92.

112 *Mainzer*, S. 20.

113 *Bader*, S. 19.

114 *Knopp*, S. 92.

115 *Bader*, S. 17 f.

der Rheinprovinz und der Provinzialmuseen zu Bonn und Trier" herausgegeben. Es folgten die "Nachrichten aus der rheinischen Denkmalpflege" als Beiblatt zu der Zeitschrift des Rheinischen Vereins für Denkmalpflege und Landschaftsschutz[116] und ab 1925 das "Jahrbuch der rheinischen Denkmalpflege".[117] Zu den wissenschaftlichen Aufgaben gehörte auch die Einrichtung und Unterhaltung eines Denkmälerarchivs. Hierzu waren Photographien, Pläne, Handzeichnungen, Stiche und Lithographien alter Ortsbilder, Landschaften und Einzeldenkmäler zu beschaffen.[118]

Da der Provinzialkonservator nicht über eigenes Personal verfügte, wurden auf seine Anregung seit 1894 sogenannte Korrespondenten für die Denkmalpflege eingesetzt. Es handelte sich um ehrenamtlich tätige Personen aus den einzelnen Landkreisen, die vom Landesdirektor für fünf Jahre ernannt wurden und eine schriftliche Instruktion erhielten. Sie sollten die Verbindung zwischen den örtlichen Geschichts-, Kunst- und Altertumsvereinen und dem Provinzialkonservator herstellen und pflegen. Gleichzeitig sollten sie für die Erhaltung der ortsnahen Baudenkmäler werben. Zunächst sollten die Korrespondenten den Provinzialkonservator mit lokalen Zeitungsnotizen auf dem Laufenden halten. Seit 1910 waren sie zu eigener ortsnaher und ausführlicher Berichterstattung aufgefordert. Obwohl die Tätigkeit der Korrespondenten der als notwendig erkannten Einbindung der Gemeinden und örtlichen Vereine durchaus förderlich war, scheiterte diese private und freiwillige Unterstützung letztlich an mangelnder Organisationsdichte.[119]

Die Befugnisse des Provinzialkonservators waren beschränkt. Ihm stand, wie dem Staatskonservator, lediglich bei Gefahr im Verzug ein Sistierungsrecht gegenüber den örtlichen Behörden zu. Er konnte damit Restaurierungsarbeiten, die nicht fachgerecht durchgeführt wurden, einstweilen unterbinden, bis der Kultusminister auf seinen entsprechenden Bericht entschieden hatte. Dieses Recht bestand allerdings nur bei Denkmälern, die im öffentlichen Eigentum standen, nicht hingegen gegenüber privaten Denkmaleigentümern.

---

116 *Mainzer*, S. 16, Fn. 10, S. 19.
117 *Bader*, S. 20.
118 *Bader*, S. 19.
119 *Mainzer*, S. 19 f.; *Knopp*, S. 101 f.

Zwei Erlasse stärkten die Position des Provinzialkonservators. Zwar enthielten sie keine Ermächtigungsgrundlagen zur Durchsetzung konservatorischer Ziele, sie sicherten aber die Beteiligung des Provinzialkonservators bei Veränderungen an Baudenkmälern.

Mit Erlass vom 16. September 1896 übertrug der Kultusminister den Regierungspräsidenten als obere Bauaufsicht die Befugnis, über den Abbruch von Baudenkmälern, die im öffentlichen Eigentum standen, statt der Zentralinstanz in Berlin selbst zu entscheiden. Voraussetzung war jedoch die vorherige Einholung eines Gutachtens des Provinzialkonservators. Bei Meinungsverschiedenheiten zwischen Regierung und Konservator entschied der Kultusminister in Berlin.[120] Der Regierungspräsident konnte die ihm eingeräumte Entscheidungskompetenz gegen den Willen des Provinzialkonservators also nicht nutzen.

Der Erlass des Kultusministers vom 6. Mai 1904 betraf die Beteiligung des Provinzialkonservators bei Veräußerung, Änderung oder Wiederherstellung eines im öffentlichen Eigentum stehenden Baudenkmals. Die Baupläne waren dem Provinzialkonservator zur Begutachtung vorzulegen. Zwar oblag die Überwachung der Bauausführung den örtlichen Baubehörden, jedoch war der Provinzialkonservator befugt, den Regierungspräsidenten als obere Bauaufsicht anzurufen, wenn seine Mitwirkung beeinträchtigt wurde oder die Baubehörde von seinen Vorschlägen abwich. Falls die obere Bauaufsicht nicht intervenierte, stand es dem Provinzialkonservators wegen seines unmittelbaren Berichtsrechts frei, den Kultusminister um Entscheidung zu bitten.[121]

Zusammenfassend: Am 6. Dezember 1892 gründete der Provinzialausschuss die "Provinzialkommission für die Denkmalpflege in der Rheinprovinz". Deren Aufgaben entsprachen - räumlich begrenzt auf die Provinz - denen des Staatskonservators. Ausführendes und beratendes Organ der Kommission war der von ihr gewählte Provinzialkonservator. Soweit dieser Beschlüsse der Kommission ausführte, war er als örtliches Organ Bediensteter des Provinzialverbandes. Andererseits war er Delegierter des Staatskonservators und damit Unterorgan des preußischen Kultusministers. Hieraus resultierte ein

---

[120] *Gumprecht*, S. 420.

[121] *Gumprecht*, S. 420.

unmittelbares Berichtsrecht und eine fachliche Weisungsfreiheit innerhalb der Hierarchie der Provinzialverwaltung. Hinsichtlich seiner Aufgaben und Befugnisse galten die Zirkularverfügung und die Instruktion für den Staatskonservator vom 24. Januar 1844. Zwei Erlasse sicherten darüber hinaus die Mitwirkung des Provinzialkonservators bei Veränderungen an Denkmälern, die im öffentlichen Eigentum standen. Da der Provinzialkonservator angesichts der Denkmaldichte in der Rheinprovinz nicht in der Lage war, die Kontakte zu den örtlichen Behörden und Vereinen mit der erforderlichen Intensität zu pflegen, wurden ihm seit 1894 ehrenamtliche Korrespondenten für die Denkmalpflege zur Seite gestellt. Deren lokale Berichtstätigkeit konnte aber die Organisation einer ortsnahen Denkmalpflege nicht ersetzen.

4. Bodendenkmalpflege

Schon bei der Vorbesprechung zur Gründung der Denkmalkommission hatte man erwogen, wegen der Denkmaldichte und Aufgabenfülle einen zweiten Provinzialkonservator zu wählen. Dessen Aufgabengebiet sollte die Erforschung und Erhaltung der prähistorischen sowie der römischen und fränkischen Altertümer umfassen. Dieses Vorhaben scheiterte aus Kostengründen. Statt dessen übertrug man diese Aufgaben den Direktoren der Provinzialmuseen in Bonn und Trier.[122] Das hatte geschichtliche Gründe. Im Jahr 1841 war der "Verein von Altertumsfreunden im Rheinland" gegründet worden. Dessen Zweck bestand darin, "für die Erhaltung, Bekanntmachung und Erklärung antiker Monumente aller Art in dem Stromgebiet des Rheines Sorge zu tragen, ein lebhafteres Interesse dafür zu verbreiten und, soviel wie möglich, die Monumente aus ihrer Vereinzelung in öffentliche Sammlungen zu versetzen"[123]. Der Verein nahm Ausgrabungen vor und legte seit 1864 eine Sammlung an. Seiner Tätigkeit verlieh der Verein durch die Herausgabe der "Bonner Jahrbücher" einen wissenschaftlichen Hintergrund. Im Jahr 1874 beschloss der Provinziallandtag die Gründung zweier Provinzialmuseen in Trier und Bonn, um die Altertumsforschung und die Sammlung durch eine staatliche Organisation zu konzentrieren und zu schützen. Die Kosten der Museen wurden je zur Hälfte aus dem Staatshaushalt und von der Provinzialverwaltung

---

[122] *Knopp*, S. 96.
[123] Aus der Vereinssatzung zitiert in: *LVR-Handbuch, S. 216 f.*

getragen. Die Leitung der Museen wurde Direktoren übertragen, die Bedienstete des preußischen Staates waren. Sie wurden durch eine Kommission, der neun Gelehrte angehörten, beraten und bei der Arbeit unterstützt.[124]

Die wissenschaftliche Forschung wurde zunehmend durch materielles Gewinnstreben beeinträchtigt. Sogenannte Altertumshändler pachteten fundreiche Grundstücke und beuteten sie aus. Hierdurch wurden aufschlussreiche römische und fränkische Gräberfelder zerstört. Da die Museumsdirektoren dies rechtlich nicht verhindern konnten, bedurfte es einer gesetzlichen Regelung.

Ziel einer solchen Regelung war die Beschränkung der gezielten Suche nach Bodendenkmälern. Nach Möglichkeit sollten deshalb Grabungen verhindert werden, wo immer dies möglich war. Wo dies nicht möglich war, sollten Grabungen kompetenten Personen vorbehalten sein, damit die Funde wenigstens wissenschaftlich erforscht, fachgerecht konserviert und der Allgemeinheit präsentiert werden konnten. Darüber hinaus galt es, Zufallsfunde zu schützen.[125]

Diesen Zielen diente das Ausgrabungsgesetz vom 26. März 1914[126] mit seinen Ausführungsbestimmungen vom 30. Juli 1920[127]. Es gestattete Grabungen nach kulturgeschichtlich bedeutsamen Gegenständen nur, wenn das öffentliche Interesse an der Förderung der Wissenschaft und Denkmalpflege nicht beeinträchtigt wurde. Deshalb bedurfte es vor Beginn der Grabung einer Genehmigung des Regierungspräsidenten. Dieser war befugt, eine ohne die erforderliche Genehmigung unternommene Grabung zu verhindern. Um eine fachkundige Grabung zu gewährleisten, mussten die Art der Ausführung der Grabung sowie die Verpflichtung zur Anzeige, Sicherung und Erhaltung entdeckter Gegenstände als Bedingungen in die Genehmigung aufgenommen werden. Ferner musste die Besichtigung der Grabungsstätte und der Gegenstände jederzeit ermöglicht werden. Der Regierungspräsident war befugt, die Einhaltung der Bedingungen notfalls durch Stilllegung durchzusetzen. Gelegenheitsfunde mussten unverzüglich angezeigt werden. Ein entdeckter Gegenstand und die

---

[124] Zu den Anfängen der Bodendenkmalpflege im Rheinland: *Ristow* S. 28 ff.
[125] Siehe hierzu *Oebbecke/Diemert, S. 404.*
[126] Pr. GS, S. 41 ff.
[127] MBliV, S. 304 ff.

Entdeckungsstätte waren in unverändertem Zustand zu erhalten. Dem Staat stand ein Ablieferungsrecht zu, wenn die Besorgnis bestand, dass der Gegenstand der Denkmalpflege oder der Wissenschaft verloren ging. Das Ausgrabungsgesetz sah schließlich Strafen für unterlassene Anzeigen oder Vereitelung von Ablieferung vor, die im Falle gewerbsmäßigen Handels verschärft wurden.

Die Ausführungsbestimmungen zum Ausgrabungsgesetz betrafen die Organisation der Bodendenkmalpflege. Die Provinzen waren nunmehr verpflichtet, neben und zur Ergänzung der Tätigkeit der Provinzialkonservatoren Vertrauensmänner für kulturgeschichtliche und naturgeschichtliche Bodenaltertümer zu berufen. Aufgabe der Vertrauensmänner war, bei der Durchführung des Ausgrabungsgesetzes "eine sachgemäße Mitwirkung derjenigen Stellen zu ermöglichen, die wie die Provinzen und andere Verbände schon bisher die Förderung der Denkmalpflege und der Wissenschaft sich haben angelegen sein lassen"[128].

Die Vertrauensmänner wurden für jede Provinz auf Vorschlag des Oberpräsidenten und der Provinzialverwaltung durch den Minister für Wissenschaft, Kunst und Volksbildung aus dem Kreise der Leiter fachwissenschaftlich verwalteter Museen bestellt. Als Bereich konnte ihnen die gesamte Provinz oder ein bestimmter Bezirk zugewiesen werden. Bei Bestellung mehrerer Vertrauensmänner für eine Provinz hatte sich die Abgrenzung ihrer Bezirke an bestehende Interessenkreise der Museen anzulehnen. Die Vertrauensmänner konnten durch den Minister mit der ständigen Vertretung des Provinzialkonservators auf dem Gebiet der Vor- und Frühgeschichte betraut werden und traten insoweit an die Stelle des Konservators.[129]

Was die Aufgaben der Vertrauensmänner anbelangte, so hatten sie sich zunächst einen Überblick über die Bodenaltertümer und Entdeckungsstätten ihres Bezirks zu verschaffen und "auf wichtige Vorgänge, insbesondere Bahn-, Straßen- und Kanalbauten, Rodungen, Ausschachtungen und ähnliches" dauernd zu achten.[130] Bei Ausgrabungen und Gelegenheitsfunden hatten die Vertrauensmänner

---

[128] Ziff. 3 der Ausführungsbestimmungen.
[129] Ziff. 4 aaO.
[130] Ziff. 5 Abs. 2 aaO.

das wissenschaftliche Interesse wahrzunehmen[131], also für fachgerechte Bergung, wissenschaftliche Verwertung und Erhaltung zu sorgen[132]. Sofern bei einer Ausgrabung verbotswidrig oder unsachgemäß verfahren wurde, mussten sie den Regierungspräsidenten oder die Ortspolizei einschalten. Bei Gefahr im Verzug stand ihnen ein eigenes Sistierungsrecht zu.[133]

Zusammenfassend: Die Bodendenkmalpflege in der Rheinprovinz, die bis dahin von einem privaten Verein wahrgenommen worden war, erhielt 1874 die Konturen einer staatlichen Organisation, als zwei Provinzialmuseen gegründet wurden. Das Ausgrabungsgesetz von 1914 gab die rechtliche Handhabe, nicht fachgerechte Ausgrabungen zu verhindern und die ausgegrabenen Gegenstände zu sichern. Aufgrund der Ausführungsbestimmungen zum Ausgrabungsgesetz übernahmen so bezeichnete Vertrauensmänner für kulturgeschichtliche Bodenaltertümer, bei denen es sich in der Regel um die Direktoren der fachwissenschaftlichen Museen handelte, als staatliche Aufgabe die Überwachung der Zielsetzungen des Ausgrabungsgesetzes. Ferner sorgten sie für wissenschaftliche Verwertung und Erhaltung der Funde. Ähnlich wie den Provinzialkonservatoren für die Baudenkmalpflege oblag den Vertrauensmännern als staatliche Aufgabe die fachliche Betreuung der Bodendenkmäler und deren - notfalls mit Gewalt durchsetzbarer - Schutz.[134]

IV. Denkmalpflege in Nordrhein-Westfalen

In diesem Abschnitt wird die Entwicklung der Denkmalpflege in Nordrhein-Westfalen bis zum Inkrafttreten des nordrhein-westfälischen Denkmalschutzgesetzes am 01. Juli 1980 dargestellt. Die anschließende Entwicklung zur heute geltenden Regelung ist dem dritten Teil vorbehalten.

Mit Verordnung Nr. 46 der britischen Militärregierung vom 23. August 1946 wurden die preußischen Provinzen als staatliche Verwaltungsbezirke

---

[131] Ziff. 5 Abs. 1 aaO.
[132] Ziff. 5 Abs. 4 aaO.
[133] Ziff. 5 Abs. 4 aaO.
[134] *Oebbecke*, Die Aufgaben der Gemeinden, S. 385; *Jerrentrup*, S. 98.

aufgelöst. Die Regierungsbezirke Koblenz und Trier fielen an die französische Besatzungsmacht. Aus dem verbleibenden Nordteil der Rheinprovinz und aus der Provinz Westfalen wurde das Land Nordrhein-Westfalen gebildet. Das bis dahin selbständige Land Lippe wurde durch Verordnung Nr. 77 der britischen Besatzungsmacht vom 21. Januar 1947 eingegliedert.

Das Land Nordrhein-Westfalen nahm den Denkmalschutz in seine Verfassung auf. Nach Art. 18 Abs. 2 LVerf stehen die Denkmäler der Kunst, der Geschichte und der Kultur unter dem Schutz des Landes, der Gemeinden und Gemeindeverbände. Unter den Begriff Gemeindeverband sind die Kreise sowie die kommunalen Zweckverbände einzuordnen.[135] Zu den kommunalen Zweckverbänden gehören die Landschaftsverbände, und zwar für die Kreise und kreisfreien Städte der früheren Rheinprovinz der Landschaftsverband Rheinland, für die frühere Provinz Westfalen und das frühere Land Lippe der Landschaftsverband Westfalen.[136] Den Landschaftsverbänden kamen bis zum Inkrafttreten des DSchG im Jahre 1980, aber auch danach wesentliche Funktionen zu. Ein Blick auf deren Entstehung und Aufgaben ist für das Verständnis der Denkmalpflege lohnend.

1. Die Landschaftsverbände

Die Beseitigung der preußischen Provinzen Rheinland und Westfalen nach Kriegsende hatte nicht zugleich die Auflösung der Provinzialverbände zur Folge.[137] Die Verordnung Nr. 46 der britischen Militärregierung vom 23. August 1946 bestimmte, dass sämtliche Beamte und Angestellte zunächst in ihren Ämtern verblieben und ihre Tätigkeit unter Aufsicht der britischen Militärbehörde fortsetzten.[138] Die Verwaltung des Landes Nordrhein-Westfalen war jedoch gespalten. Während die Provinzialverwaltung von Westfalen ihre Aufgaben organisatorisch unverändert wahrnahm, wurden die Verwaltungsaufgaben der Nordrheinlandes zunächst treuhänderisch durch Ministerialressorts des Landes

---

[135] *Rothe*, § 1 Rdnr. 7.

[136] § 1 LVerbO.

[137] Diese Auffassung wurde für den Provinzialverband Westfalen durch die Rechtsprechung, im Übrigen durch Rechtsgutachten mehrheitlich bestätigt. Siehe hierzu *Oebbecke*, Gemeindeverbandsrecht, S. 83 und Fn. 32; *Gumprecht*, S. 419.

[138] *Gumprecht*, S. 419.

wahrgenommen.[139], da das Oberpräsidium der ehemaligen Rheinprovinz seinen Sitz in Koblenz hatte, das nunmehr zur französischen Besatzungszone gehörte. Der geschilderten Situation entsprechend setzte der Provinzialverband Westfalen seine Arbeit organisatorisch unverändert fort. Dagegen wurde der Provinzialverband Rheinland in die Landesverwaltung integriert.[140]

Eine gesetzliche Regelung zur Beseitigung dieses Zustandes nahm Zeit in Anspruch, weil zunächst die grundsätzliche Frage zu klären war, ob die provinziellen Selbstverwaltungsaufgaben nicht auf die Staatsverwaltung des Landes Nordrhein-Westfalen übertragen werden sollten.[141] Abgesehen von Zweifeln über die Regelungszuständigkeit der Länder schien das verkleinerte Staatsgebiet für eine Straffung der Verwaltung zu sprechen. Ferner hatte man die Befürchtung, dass zwei eigenständige provinzielle Selbstverwaltungen der angestrebten Integration beider Landesteile entgegenstünden. Letztlich setzte sich aber die von einer breiten Öffentlichkeit getragene Forderung der kommunalen Spitzenverbände nach Erhalt der provinziellen Selbstverwaltung durch.[142]

Am 12. Mai 1953 verabschiedete der nordrhein-westfälische Landtag die Landschaftsverbandsordnung, die am 1. Oktober 1953 in Kraft trat. Darin wurden den Landschaftsverbänden Rheinland und Westfalen-Lippe[143] die Aufgaben zugewiesen, die vorher von den Provinzialverbänden zu erledigen waren. Nach der gesetzlichen Regelung handelt es sich bei den Landschaftsverbänden um öffentlich-rechtliche Körperschaften mit dem Recht der Selbstverwaltung durch ihre gewählten Organe.[144] Mitgliedskörperschaften der Landschaftsverbände sind die Kreise und die kreisfreien Städte.[145] Die Landschaftsverbände nehmen die Aufgaben wahr, für deren Erledigung die Verwaltungskraft der einzelnen Mitgliedskörperschaft nicht ausreicht oder die sich aus der Überörtlichkeit

---

139 *LVR-Handbuch*, S.9.
140 *Oebbecke*, Gemeindeverbandsrecht, S. 83.
141 *LVR-Handbuch*, S.9.
142 Zur damaligen Diskussion *Oebbecke*, Gemeindeverbandsrecht, S. 83 f. und Fn. 37.
143 Das Land Lippe hatte sich dem Land Nordrheinland Westfalen 1947 angeschlossen.
144 § 2 LVerbO.
145 § 1 LVerbO.

ergeben.[146] Hierfür erheben sie von den Kreisen und kreisfreien Städten eine Umlage, soweit ihre sonstigen Einnahmen nicht ausreichen.[147]

Der Gesetzgeber hat den Landschaftsverbänden unter verschiedenen Sachgebieten einzelne Sonderkompetenzen zugewiesen.[148] Das Sachgebiet "Landschaftliche Kulturpflege" enthält unter anderem die "Aufgaben der Denkmalpflege"[149]. Hierdurch soll die überörtliche Wahrnehmung der Interessen der Denkmalpflege durch die Bündelung von Fachkompetenz qualifiziert wahrgenommen werden.[150]

2. Landeskonservator

Die Landschaftsverbände nahmen die ihnen zugewiesenen Denkmalpflegeaufgaben bis zum Inkrafttreten des DSchG 1980 durch Dienststellen mit der Bezeichnung "Landeskonservator Rheinland" bzw. "Landeskonservator Westfalen-Lippe" wahr. Vorgesetzte der Dienststellen waren die Landeskonservatoren. Hierbei handelte es sich um die Nachfolger der Provinzialkonservatoren.[151] Deshalb entsprachen deren Stellung und Aufgaben der bisherigen Regelung.

Der Landeskonservator wurde vom Direktor des Landschaftsverbandes aufgrund eines Beschlusses des Landschaftsausschusses ernannt.[152] Insofern war er Beamter des von den Kommunen getragenen Landschaftsverbandes. Daneben hatte der Landeskonservator aber auch staatliche Aufgaben der Denkmalpflege wie Denkmäleraufnahme, Gutachten und Stellungnahmen zu Fördermaßnahmen wahrzunehmen.[153] Er war zugleich Fachreferent für die Denkmalpflege im

---

[146] *Oebbecke*, Gemeindeverbandsrecht, S. 84.
[147] § 22 LVerbO.
[148] *Oebbecke*, Gemeindeverbandsrecht S. 86.
[149] § 5 Abs. 1 lit. b) Nr. 2 LVerbO.
[150] *Oebbecke*, Gemeindeverbandsrecht, S. 89; *Memmesheimer/Upmeier*, § 22 Rdnr. 13.
[151] *Memmesheimer/Upmeier*, Einl. S. 2.
[152] § 20 Abs, 4 S. 2 LVerbO
[153] *Memmesheimer/Upmeier*, Einl. S. 2.

Kultusministerium und insofern Staatskonservator.[154] Dabei handelte er in Organleihe des Landschaftsverbandes als Delegierter des Kultusministers. Der Konservator fungierte hier als hoheitlich wirkende staatliche Behörde.[155] Rechtsgrundlagen für sein Handeln waren neben der Bestellung durch den Kultusminister die Kabinettsorder vom 1. Juli 1843[156], die Zirkularverfügung des Ministers der geistlichen, Unterrichts- und Medizinalangelegenheiten vom 24. Januar 1844[157] sowie die Instruktion für den Konservator der Kunstdenkmäler vom 24. Januar 1844[158].

Die Instruktion vom 24. Januar 1844 legte, wie bereits dargestellt, dem Provinzialkonservator die Verpflichtung auf, seine Berichte, Anträge und Gutachten unmittelbar an das Ministerium zu übersenden. Von dort erhielten die Provinzialbehörden sodann Anweisungen. Der Landeskonservator hat diese Berichtspflicht übernommen. Hieraus ergab sich zugleich seine Unabhängigkeit. Er konnte den Kultusminister in Angelegenheiten der Denkmalpflege unterrichten, ohne den Dienstweg innerhalb des Landschaftsverbandes einhalten zu müssen. Gleichzeitig ergab sich hieraus seine Weisungsfreiheit im Hinblick auf fachliche Stellungnahmen und Gutachten.

Da der Landeskonservator Nachfolger des Provinzialkonservators war, ergaben sich seine Aufgaben zunächst unverändert aus der Zirkularverfügung vom 24. Januar 1844 und der hierzu ergangenen Instruktion vom selben Tag. Sie lassen sich mit Inventarisation[159], gutachterlicher Tätigkeit[160] und fachlicher Beratung

---

[154] Im Rheinland übertrug der Kultusminister dem staatlichen Fachreferenten für die Denkmalpflege mit Erlass vom 30. Dezember 1950 zugleich die Dienstgeschäfte des Landeskonservators. Diese Dienststelle mit Sitz in Bonn war bis dahin nur kommissarisch verwaltet worden. Hierzu: *Bader*, S. 13.

[155] *Gumprecht*, S. 419.

[156] Auszugsweise zitiert bei *Huse*, Texte, S. 68 f. und Anm. 17 (Hinweis auf *Reimers*, Handbuch für die Denkmalpflege, 4. Aufl., Hannover 1912).

[157] Wiedergegeben im Anhang Nr. 1.

[158] Wiedergegeben im Anhang Nr. 2.

[159] Der nicht veröffentlichte Erlass des Kultusministers vom 14. Juni 1948 (III/K 2-J-Nr. 684/48-1G) übertrug dem Konservator die Verpflichtung, die in den veralteten Inventaren oder in sonstiger Literatur verzeichneten Baudenkmäler zu bereisen und zu beschreiben. Hierzu: *Bader*, S. 21 und Fn. 9.

[160] Die nicht veröffentlichten Erlasse des Kultusministers vom 26. Mai 1954 (III/K - Az. 30/0-1760/54-1G) und vom 13. Mai 1955 (III/K Az. 20-3-2850/55) übertrugen dem

zusammenfassen. Hinzu kam die durch Erlasse des Kultusministers vom 16. September 1896 und 6. Mai 1904 geregelte Beteiligung des Provinzialkonservators bei der Veränderung an öffentlichen Baudenkmälern.[161]

Zusammenfassend: Am 23. August 1946 wurde das Land Nordrhein-Westfalen gegründet. Nach der Landesverfassung vom 28. Juni 1950 stehen die Denkmäler unter dem Schutz des Landes, der Gemeinden und Gemeindeverbände. Mit der am 12. Mai 1953 verabschiedeten Landschaftsverbandsordnung traten der Landschaftsverbände Rheinland und Westfalen-Lippe als kommunale Selbstverwaltungskörperschaften die Nachfolge der Provinzialverbände an. Die ihnen unter anderem zugewiesene Aufgabe der Denkmalpflege nahmen sie durch Landeskonservatoren wahr. Es handelte sich um die Nachfolger der Provinzialkonservatoren. Wie diese waren die Landeskonservatoren einerseits Beamte des Kommunalverbandes, andererseits Delegierte des staatlichen Kultusministers. Wegen dieser Doppelstellung hatten die Landeskonservatoren das Recht, dem Kultusminister unmittelbar zu berichten. Hieraus resultiert auch ihre fachliche Weisungsfreiheit. Die Landeskonservatoren hatten die Aufgabe, Denkmälerinventare zu erstellen und zu aktualisieren, Denkmaleigentümer fachlich zu beraten und in Angelegenheiten der Denkmalpflege als Gutachter zu fungieren.

Im Laufe der Zeit wurden Aufgaben und Befugnisse des Landeskonservators differenziert. Als Rechtsgrundlagen dienten vereinzelte gesetzliche Regelungen, vor allem aber ministerielle Erlasse.

3. Rechtsgrundlagen

Vor dem Hintergrund der Zerstörungen zahlreicher Denkmäler durch den Krieg gab es in Nordrhein-Westfalen frühe Bestrebungen, ein Denkmalschutzgesetz zu schaffen. Der damalige Direktor des Kommunalwissenschaftlichen Instituts der Westfälischen Landesuniversität Münster, Professor Hans J. Wolff und der Provinzialverwaltungsrat Theodor Rensing legten dem Denkmal- und Museumsrat

---

Landeskonservator die Vorprüfung der Anträge auf Gewährung von Landesbeihilfen. Hierzu: *Bader*, S. 15 und Fn. 4.

[161] *Gumprecht*, S. 419.

Nordwestdeutschland am 17. März 1948 den "Vorschlag eines Denkmalschutzgesetzes"[162] vor. Der Vorschlag blieb jedoch ohne erkennbare Resonanz. Eine umfassende spezialgesetzliche Regelung ließ in Nordrhein-Westfalen bis zum 01. Juli 1980 auf sich warten, als das Denkmalschutzgesetz in Kraft trat. Bis dahin wurde die Denkmalpflege durch Gesetze aus preußischer Zeit, Vorschriften des Baurechts und durch Erlasse geregelt.

Mangels speziellerer Regelungen galten das Verunstaltungsgesetz von 1907 und das Ausgrabungsgesetz von 1914 fort, für den lippischen Landesteil darüber hinaus das Heimatschutzgesetz vom 17. Januar 1920[163]. Ziel des Verunstaltungsgesetzes vom 15. Juli 1907[164] war der Schutz des Orts- und Straßenbildes. Bauliche Änderungen an einzelnen Bauwerken von geschichtlicher oder künstlerischer Bedeutung konnten durch Ortsstatut versagt werden, "wenn ihre Eigenart oder der Eindruck, den sie hervorrufen, durch die Bauausführung beeinträchtigt werden würde"[165]. Maßgebliches Schutzobjekt war das Erscheinungsbild im Zusammenhang und nicht die Substanz des einzelnen Bauwerks. Im Übrigen lag es im Ermessen der Gemeinde, ob sie von dem ihr durch das Gesetz eingeräumten Satzungsrecht überhaupt Gebrauch machte.[166] Mit dem Ausgrabungsgesetz vom 26. März 1914 bestand für die Bodendenkmalpflege ein spezielles Schutzgesetz.

Neuere gesetzliche Regelungen enthielten das Bauplanungs- und das Städtebauförderungsrecht des Bundes und das Bauordnungsrecht des Landes. Nach § 1 BBauG waren die Belange des Natur- und Landschaftsschutzes und die Gestaltung des Orts- und Landschaftsbildes bei der Bauleitplanung zu berücksichtigen. Deshalb waren die Träger des öffentlichen Belanges "Denkmalpflege" zu beteiligen. Nach § 39 h BBauG waren die Gemeinden berechtigt, in einem Bebauungsplan oder in einer sonstigen Satzung Gebiete zu bezeichnen, in denen Abbruch, Umbau oder Änderungen von erhaltenswerten baulichen Anlagen untersagt waren. § 4 Abs. 4 StBauFG sah vor, dass die Träger öffentlicher Belange, und damit auch die Denkmalpflege, bei den vorbereitenden

---

162 HAStK, Acc. 229, Nr. 426, Bl. 103 ff., wiedergegeben im Anhang Nr. 3.

163 Lipp. GS. 1920, 15.

164 GS, S. 260 f., auch abgedruckt in: Die Denkmalpflege 1907 vom 28.08.1907.

165 § 2 S. 2 des Verunstaltungsgesetzes.

166 So auch *Gumprecht*, S. 420.

Untersuchungen für Entwicklungs- und Sanierungsmaßnahmen zu beteiligen waren. § 14 Abs. 2 S. 2 BauO NW verbot die Beeinträchtigung von Bau- und Naturdenkmalen und deren Umgebung. § 114 BauO NW[167] enthielt denkmalschützende Verunstaltungsverbote. § 103 Abs. 1 Nr. 2 BauO NW räumte den Gemeinden das Recht ein, Satzungen zum Schutz von Straßen, Plätzen oder Ortsteilen sowie von Bau- und Naturdenkmalen zu erlassen.

Ministerielle Erlasse verstärkten den Denkmalschutz, indem sie die Gemeinden zu strenger Handhabung der Schutzvorschriften verpflichteten und den faktisch verbindlichen Einfluss des Landeskonservators anordneten.[168]

Der Runderlass des Ministers für Wiederaufbau - im Einvernehmen mit dem Kultusminister - vom 24. September 1951[169] stellte eine Reaktion auf den Verlust zahlreicher Baudenkmäler während des Krieges dar. Denkmäler im öffentlichen wie im privaten Eigentum sollten nach Möglichkeit vor dem Abbruch bewahrt werden. Deshalb wurden die Gemeinden angewiesen, bei dem drohenden Verlust denkmalpflegerisch wertvoller Bauten den Landeskonservator einzuschalten. Bei städtebaulicher Planung war im Benehmen mit dem Landeskonservator zu untersuchen, ob sich die Planziele nicht auch ohne Beeinträchtigung von Denkmälern, also etwa durch die Änderung von Fluchtlinien, verwirklichen ließen. Bei Einsturzgefahr von Denkmälern, die im privaten Eigentum standen, sollte der Landeskonservator versuchen, den drohenden Abbruch durch die Bereitstellung von Beihilfen aus dem Fonds für Denkmalpflege zu verhindern. Erst wenn solche Verhandlungen gescheitert waren, durften überhaupt Abbruchverfügungen erlassen werden, die aber im Benehmen mit dem Landeskonservator auf das unbedingt erforderliche Maß zu beschränken waren. Stellte der Eigentümer einen Antrag auf Abbrucherlaubnis, musste im Benehmen mit dem Landeskonservator zunächst die Überführung des Denkmals in die öffentliche Hand durch Ankauf oder Tausch versucht werden. Bei unumgänglichem Abbruch waren wertvolle Bauteile in Abstimmung mit dem Landeskonservator zum Zwecke der Wiederverwendung an anderer Stelle zu sichern. Beim Wiederaufbau

---

167 Hierdurch wurde § 1 des bis dahin geltenden Verordnung über Baugestaltung vom 10. November 1936 ersetzt.

168 *Oebbecke*, Die Aufgaben der Gemeinden, S. 384.

169 MinBl. NW 1951, S.1186 f.

eines beschädigten Baudenkmals musste der Konservator vor Erteilung der Baugenehmigung beteiligt werden. Letztlich musste die Baugenehmigungsbehörde den Landeskonservator bei der Genehmigung der Anbringung von Außenwerbung beteiligen. Da der Landeskonservator berechtigt war, den Minister unmittelbar anzurufen und dessen Entscheidung einzuholen, konnten die Gemeinden in denkmalpflegerischen Angelegenheiten ohne Zustimmung des Landeskonservators faktisch nicht alleine entscheiden.

Der RdErl. des Ministers für Landesplanung, Wohnungsbau und öffentliche Arbeiten vom 29. März 1963[170] stärkte den Einfluss der Denkmalpflege. § 2 Abs. 5 BBauG schrieb die Anhörung der Träger öffentlicher Belange bei der Aufstellung von Flächennutzungsplänen und Bauplänen vor. Der Erlass stellte klar, dass der Landeskonservator Träger des öffentlichen Belanges "Denkmalpflege" war.[171]

Auch der Runderlass des Ministers für Landesplanung, Wohnungsbau und öffentliche Arbeiten die unteren Bauaufsichtsbehörden mit RdErl. vom 10. Mai 1963[172] stärkte die Position des Landeskonservators. Die erstmals 1962 in Kraft getretene BauO NW enthielt in § 14 Abs. 1 ein allgemeines Verunstaltungsverbot. Darüber hinaus waren bauliche Anlagen nach § 14 Abs. 2 S. 1 BauO NW mit ihrer Umgebung so in Einklang zu bringen, dass sie das Straßen-, Orts- oder Landschaftsbild nicht störten. Nach § 14 Abs. 2 S. 2 BauO NW durften Bau- und Naturdenkmale sowie andere erhaltenswerte Eigenarten der Umgebung nicht beeinträchtigt werden. Dieses Beeinträchtigungsverbot galt gemäß § 15 Abs. 2 BauO NW auch für Werbeanlagen. Das Bundesverwaltungsgericht hatte mit Urteil vom 28. Juni 1955[173] Kriterien für den unbestimmten Rechtsbegriff der Verunstaltung entwickelt. Maßgebend bei der Beurteilung sei nicht das Empfinden des auf dem Gebiet der Gestaltung geschulten Betrachters, sondern das Empfinden jedes für ästhetische Eindrücke offenen Betrachters, also des sogenannten gebildeten Durchschnittsmenschen. Um eine Beurteilung von diesem Standpunkt zu erreichen, wies der Minister in dem Erlass

---

[170] Aktenzeichen Z B 3 - 0310 (nach Auskunft der Staatskanzlei unveröffentlicht).
[171] *Gumprecht*, S. 421.
[172] MinBl. NW 1963, S. 834.
[173] DVBl 1955, S. 640 f.

auf die Möglichkeit hin, Beiräte für Gestaltungsfragen zu bilden. Diese Beiräte sollten in besonderen Fällen den Landeskonservator hinzuziehen.

Der Runderlass des Ministers für Landesplanung, Wohnungsbau und öffentliche Arbeiten vom 4. Mai 1966[174] regelte den Schutz und die Erhaltung von Baudenkmalen. Er löste den RdErl. vom 24. September 1951 ab. Dies war nötig geworden, um die Regelungen der 1962 verabschiedeten Landesbauordnung umzusetzen.[175] Unter Hinweis auf den Auftrag in der Landesverfassung wurden die Verpflichtungen der Gemeinden zum Denkmalschutz und die Beteiligung des Landeskonservators herausgestellt.

Der Erlass stellte zunächst klar, dass grundsätzlich nur die in den amtlichen Inventaren[176] aufgeführten Baudenkmäler zu schützen waren. Im Zweifelsfall sollte der Landeskonservator Auskunft geben, ob ein bestimmtes Bauwerk als denkmalswert anzusehen und somit schutzbedürftig sei. Die Aufnahme in das Inventar war für die Denkmaleigenschaft damit faktisch konstitutiv. Über die Aufnahme bestimmte der Landeskonservator. Dieser traf auch in Zweifelsfällen die Entscheidung.[177] Eine Gemeinde konnte einem auf ihrem Gebiet befindlichen Bauwerk also nicht etwa durch Ratsbeschluss Denkmaleigenschaft zu- oder aberkennen. Sie konnte allenfalls versuchen, entsprechenden Einfluss auf den Landeskonservator zu nehmen.

Der Erlass wies die Gemeinden auf ihre grundsätzliche Verpflichtung hin, die Baudenkmäler, die sich im Gemeindeeigentum befanden, zu schützen und zu erhalten. Die entgeltliche Verfügung über Sachen von geschichtlichem oder künstlerischem Wert bedurfte nach § 62 Abs. 2 lit. c) GO 52 der Genehmigung der Aufsichtsbehörde. Bei der Veräußerung von Baudenkmälern machte der Minister

---

[174] MinBl NW 1966, S. 996 ff.

[175] *Gumprecht*, S. 421.

[176] Für das Rheinland: Das von dem ehemaligen Provinzialkonservator Clemen begründete Inventar "Die Kunstdenkmäler der Rheinprovinz" (seit 1964 die von dem Landeskonservator Rheinland Wesenberg fortgeführte Reihe "Die Denkmäler des Rheinlandes"); Für Westfalen: Das von dem ehemaligen Provinzialkonservator Ludorff begründete Inventar "Bau- und Kunstdenkmäler von Westfalen".

[177] Abs. 2 des RdErl. vom 4. Mai 1966.

die Genehmigung davon abhängig, dass der neue Privateigentümer die Verpflichtung zum Schutz und zur Erhaltung des Baudenkmals übernahm.[178]

Die Verpflichtung, Baudenkmäler zu erhalten, war gegenüber privaten Eigentümern nicht erzwingbar. Der Staat konnte den Eigentümer nur nach § 18 OBG in Anspruch nehmen, wenn sich das Denkmal in einem die öffentliche Sicherheit gefährdenden Zustand befand. Seit 1962 ermöglichte die Landesbauordnung den Landeskonservatoren jedoch denkmalpflegerischen Einfluss in Baugenehmigungsverfahren und bei Anwendung gemeindlicher Schutzsatzungen.

§ 14 Abs. 2 S. 2 BauO NW verbot jede Beeinträchtigung eines Baudenkmals durch Veränderung oder durch bauliche Maßnahmen in der Umgebung. Der Minister wies die Bauaufsichtsbehörden an, bei der Beurteilung genehmigungs- oder anzeigepflichtiger Vorhaben insoweit einen strengen Maßstab anzulegen. Anders als bei der Frage der Verunstaltung, zu der der Erlass vom 10. Mai 1963 Anwendungshinweise enthielt, komme es nicht auf den Eindruck des sogenannten gebildeten Durchschnittsmenschen an. Maßgebend seien vielmehr die ungleich strengeren Anschauungen fachlich geschulter und erfahrener Betrachter. Deshalb wurde angeregt, den Landeskonservator hinzuzuziehen. Dessen Bedenken und Anregungen als sachverständiger Gutachter sollten bei der Erteilung der Baugenehmigung berücksichtigt werden, soweit sie in öffentlich-rechtlicher Hinsicht vertretbar seien.[179]

Die Gemeinden konnten aufgrund § 103 Abs. 1 Nr. 2 BauO NW Satzungen zum Schutz bestimmter Bauten, Straßen, Plätze oder Ortsteile von geschichtlicher oder künstlerischer Bedeutung sowie von Bau- und Naturdenkmalen erlassen. Die Satzung bedurfte nach § 103 Abs. 1 BauO NW der Genehmigung der obersten Bauaufsichtsbehörde. Vor der Erteilung von Ausnahmen oder Befreiungen musste die Bauaufsichtsbehörde nach § 103 Abs. 4 S. 1 BauO NW die Gemeinde hören. Der Zustimmung der oberen Bauaufsichtsbehörde bedurfte es nach Satz 2 der zitierten Vorschrift hingegen nicht. Der Erlass schrieb aber die zwingende Beteiligung des Landeskonservators vor. Denn in diesem Fall seien Vorschriften

---

[178] Ziff. 2 des RdErl. vom 4. Mai 1966.
[179] Ziff. 2.1 des RdErl. vom 4. Mai 1966.

einer Satzung betroffen, die Belange des Denkmalschutzes regelten. Werde die Stellungnahme des Landeskonservators nicht vorgelegt, habe die obere Baubehörde von sich aus dessen Stellungnahme herbeizuführen. Falls die obere Bauaufsichtsbehörde der Auffassung sei, den Bedenken und Anregungen des Landeskonservators nicht Rechnung tragen zu können, sei dem Minister zu berichten. Dem Landeskonservator sei hiervon schriftlich unter Darlegung der Gründe Kenntnis zu geben.[180]

Auch bei Bauvorhaben des Bundes und der Länder, die nach § 97 Abs. 1 BauO NW grundsätzlich keiner Baugenehmigung bedurften, sicherte der Erlass den Einfluss des Landeskonservators. Wenn es auch keiner Baugenehmigung bedurfte, so war doch die Zustimmung der oberen Bauaufsichtsbehörde erforderlich. Wollte die obere Bauaufsichtsbehörde die Zustimmung nicht erteilen, war der Antrag gem. § 97 Abs. 6 S. 1 BauO NW der obersten Bauaufsichtsbehörde zur Entscheidung vorzulegen. Der Erlass stellte klar, dass die obere Bauaufsichtsbehörde im Rahmen dieses Zustimmungsverfahrens auch zu prüfen hatte, ob Belange des Denkmalschutzes betroffen waren. In diesem Fall war sie verpflichtet, die Stellungnahme des Landeskonservators herbeizuführen. Teilte die obere Bauaufsichtsbehörde dessen Auffassung nicht, war sie entsprechend der vorgenannten Regelung ebenfalls verpflichtet, dem Minister den Antrag zur Entscheidung vorzulegen.[181] Die obere Bauaufsichtsbehörde konnte also nicht gegen die Auffassung des Landeskonservators entscheiden.

Auch der Abbruch baulicher Anlagen war nach § 80 Abs. 1 BauO NW genehmigungspflichtig. Die Baugenehmigung war nach § 88 Abs. 1 BauO NW zu erteilen, wenn das Vorhaben den öffentlich-rechtlichen Vorschriften entsprach. Der Erlass verpflichtete die örtliche Bauaufsichtsbehörde, sich auch dann für die Erhaltung eines Baudenkmals einzusetzen, wenn materiell ein Anspruch auf Abbruch bestand. Zu diesem Zweck hatte sie im Benehmen mit dem Landeskonservator Verhandlungen mit dem privaten Eigentümer zu führen. Hierbei sollte geklärt werden, ob die Erhaltung des Denkmals trotz des neuen Verwendungszwecks des Grundstücks nicht doch möglich sei. Wenn dies

[180] Ziff. 2.2 des RdErl. vom 4. Mai 1966.
[181] Ziff. 3 aaO.

scheiterte, sollte die Bauaufsichtsbehörde versuchen, das Grundstück mit Gebäude für die öffentliche Hand anzukaufen.[182]

Stand das Baudenkmal im Eigentum des Bundes oder der Länder, bedurfte der Abbruch nach § 97 Abs. 1 BauO NW zwar keiner Genehmigung, jedoch gemäß § 97 Abs. 1 S. 2 BauO NW der Zustimmung der Oberen Bauaufsichtsbehörde. Der Erlass verpflichtet die Behörde, vor ihrer Zustimmung den Landeskonservator zu hören. Falls sie dessen Auffassung nicht teilte, war sie entsprechend § 97 Abs. 6 S. 1 BauO NW wiederum verpflichtet, dem Minister den Antrag zur Entscheidung vorzulegen.[183]

Bei drohendem Einsturz eines Baudenkmals durfte zunächst keine Abbruchverfügung erlassen werden. Vielmehr hatte die Bauaufsichtsbehörde unverzüglich den Landeskonservator einzuschalten und mit diesem zu prüfen, ob Sicherungsmaßnahmen zur Erhaltung des Bauwerks möglich waren. Dabei sollten die für die Sicherungsarbeiten erforderlichen Mittel notfalls durch die Bereitstellung staatlicher Beihilfen aufgebracht werden.[184] Wenn die Ordnungsverfügung über den Abbruch nicht zu vermeiden war, war der Umfang des Abbruches im Benehmen mit dem Landeskonservator auf das unbedingt notwendige Maß zu beschränken.[185]

Die vorgeschriebene Beteiligung des Landeskonservators bei Baugenehmigungsverfahren sicherte ein geschlossenes System des Denkmalschutzes. Dieses System wurde durch die FreistellungsVO durchbrochen.[186] Die Freistellungsverordnung vom 5. September 1978 entließ eine Vielzahl von Bauvorhaben aus der Genehmigungs- oder wenigstens Anzeigepflicht nach der BauO NW. Bedeutsam für den Denkmalschutz war § 1 Abs. 2 Nr. 2 FreistellungsVO. Weder einer Genehmigung noch einer Anzeige bedurfte danach die Änderung der äußeren Gestaltung genehmigungsbedürftiger baulicher Anlagen. So konnten beispielsweise historisch wertvolle Fenster durch billigen Ersatz vernichtet werden. Mit der Entlassung aus der bauordnungsrechtlichen Überwachung entfiel zugleich die Beteiligung des Landeskonservators.

---

[182] Ziff. 4 Abs. 1 des RdErl. vom 4. Mai 1966.
[183] Ziff. 4 Abs. 2 aaO.
[184] Ziff. 5 Abs. 1 aaO.
[185] Ziff. 5 Abs. 2 des Erl. vom 4. Mai 1966.
[186] Worauf *Oebbecke*, Die Aufgaben der Gemeinden, S. 384, hinweist.

Zusammenfassend: Bevor das DSchG am 1. Juli 1980 in Kraft trat, gab es mit dem Ausgrabungsgesetz von 1914 eine spezialgesetzliche Regelung nur für die Bodendenkmalpflege. Das die Baudenkmalpflege betreffende Heimatschutzgesetz von 1920 galt nur für den lippischen Landesteil. Denkmalschützende Vorschriften fanden sich im Bauplanungsrecht des Bundes und dem Bauordnungsrecht des Landes. Die Gemeinden waren ermächtigt, denkmalschützende Satzungen zu erlassen. Die Beteiligung der Landeskonservatoren wurde durch Erlasse geregelt, insbesondere durch den Erlass vom 4. Mai 1966 über Schutz und Erhaltung von Baudenkmalen. Schutzobjekte waren die in den amtlichen Inventaren aufgeführten Baudenkmäler. Die Gemeinden durften die in ihrem Eigentum stehenden Baudenkmäler nur mit Genehmigung der Aufsichtsbehörde veräußern. Die Verpflichtung zum Denkmalschutz war gegenüber privaten Eigentümern außerhalb der Gefahrenabwehr zwar nicht erzwingbar. Die Bauaufsichtsbehörden waren aber gehalten, durch restriktive Genehmigungspraxis jede Beeinträchtigung von Denkmälern oder ihrer Umgebung zu verhindern. Satzungen der Gemeinden zum Schutz von Baudenkmälern oder Ortsteilen wirkten hierbei unterstützend. Der Erlass sicherte die Beteiligung der Landeskonservatoren im Baugenehmigungsverfahren, bei beabsichtigten Befreiungen von Vorgaben denkmalschützender Satzungen, bei Bauvorhaben des Bundes und des Landes sowie bei dem geplanten Abbruch eines Denkmals. Eine Entscheidung der Behörden gegen den Landeskonservator war nicht möglich. Seine Stellung als Delegierter des Kultusministers verpflichtete und berechtigte ihn, die bindende Entscheidung des Ministers einzuholen. Das Geflecht denkmalschützender Vorschriften wurde durch die Freistellungsverordnung von 1978 durchbrochen, weil die Änderung der äußeren Gestaltung einer an sich genehmigungsbedürftigen baulichen Anlage einer Anzeige oder Genehmigung nicht mehr bedurfte. In diesem Umfang waren Baudenkmäler dem Schutz der Landesbauordnung und der Obhut des Landeskonservators entzogen.

4. Bodendenkmalpflege

Das Ausgrabungsgesetz vom 26. März 1914 blieb nach der Gründung des Landes Nordrhein-Westfalen in Kraft. Die staatlichen Vertrauensmänner für die

Bodendenkmalpflege blieben aufgrund der Verordnung Nr. 46 vom 23. August 1946 im Amt.[187]

Mit ihrer Gründung 1953 übernahmen die Landschaftsverbände das Rheinische Landesmuseum in Bonn und das Westfälische Landesmuseum für Vor- und Frühgeschichte (später: Westfälisches Museum für Archäologie) in Münster. Deren Direktoren waren einerseits Beamte der Landschaftsverbände, andererseits in ihrer Funktion als staatliche Vertrauensmänner für Bodenaltertümer Delegierte des Kultusministers.[188] Sie hatten also die gleiche Rechtsstellung wie die Landeskonservatoren. Seit 1924 übte auch der Leiter der römisch-germanischen Abteilung des Wallraf-Richartz-Museums (seit 1946: Römisch-Germanisches-Museum) diese Funktion für das Stadtgebiet Köln aus.[189]

Die Aufgaben der Vertrauensmänner entsprachen im Zusammenwirken mit den Kultur- und Baubehörden denen der Landeskonservatoren[190], also Beratung der Kultur- und Bauämter. Ihre fachwissenschaftlichen Aufgaben ergaben sich aus dem Ausgrabungsgesetz, nämlich Überwachung, Ausgrabung, Bergung und wissenschaftliche Bearbeitung der Bodenaltertümer.

Eine Besonderheit ergab sich für die Stadt Köln. In ihrem Stadtgebiet nahm sie die Rechte und Pflichten des Landschaftsverbandes für den Bereich der Bodendenkmalpflege selbst wahr. Diese Regelung trug dem Umstand Rechung, dass sich hier wegen der Dichte der archäologischen Objekte bereits im 19. Jahrhundert eine hochqualifizierte Bodendenkmalpflege entwickelt hatte.

---

187 Das Provinzialmuseum in Bonn wurde bis zur Gründung der Landschaftsverbände dem Kultusministerium des Landes Nordrhein-Westfalen unterstellt. Der von dem Museum bis dahin betreute Regierungsbezirk Koblenz wurde von der französischen Besatzungsmacht übernommen. Siehe hierzu: *LVR-Handbuch*, S. 218

188 *Memmesheimer/Upmeier*, Einl. II.

189 *Horn*, S. 5; Abteilungsleiter Fremersdorf wurde ausweislich der Urkunde in seiner Personalakte (HASTK Acc. 1745/3) am 22. Januar 1924 ernannt.

190 *Memmesheimer/Upmeier*, Einl. II.

Zweiter Teil
Die Entwicklung der kommunalen Denkmalpflege in Köln

A. Die Institutionalisierung der kommunalen Denkmalpflege

I. Die Heimatschutzbewegung

Im Jahr 1912 gliederte die Stadt Köln als erste Gemeinde im damaligen Deutschen Reichreich die Denkmalpflege aus der Bauverwaltung aus und schuf das Amt des Stadtkonservators.[191] Diese Aufwertung der Denkmalpflege ist auch als Reaktion auf die einsetzende Industrialisierung zu verstehen. Dabei gab die kämpferische und populäre Heimatschutzbewegung der Denkmalpflege breite Impulse.[192] Wegen des örtlichen Bezuges des Heimatschutzes wurde die Institutionalisierung der kommunalen Denkmalpflege durch diese Bewegung mindestens beeinflusst, wenn nicht sogar initiiert.[193] Die Darstellung von Ursachen und Auswirkungen der Heimatschutzbewegung ist für das Verständnis der Entwicklung der Denkmalpflege in Köln auch deshalb instruktiv, weil die Protagonisten der Kölner Denkmalpflege, namentlich der Stadtkonservator[194], aber auch der Provinzialkonservator der Rheinprovinz[195] als herausragende Vertreter der Heimatschutzbewegung für deren Ziele eintraten. Auch der für die stadtkölnische und rheinische Denkmalpflege als Initiator vielfältiger Aktivitäten bedeutende "Rheinische Verein für Denkmalpflege und Heimatschutz" wurde 1906 von Vertretern der Heimatschutzbewegung gegründet.[196] Der Name des Vereins war zugleich Programm.

---

191 Bericht in "Die Denkmalpflege", Jahrgang 1914 (Nr. 7) vom 27. Mai 1914.

192 *Hammer*, S. 124.

193 *Krings*, S. 10, meint, die kommunale Denkmalpflege sei der organisierte Rahmen der Heimatschutzbewegung gewesen.

194 Friedrich Carl Heimann amtierte vom 04.12.1913 bis zu seinem Tod am 08.11.1921 als Stadtkonservator.

195 Paul Clemen amtierte von 1893 bis 1911 als Provinzialkonservator (zu dessen Biographie: *Verbeek*, in: Rheinische Lebensbilder, Band 7, S. 181 ff.)

196 Gründungsbericht in "Die Denkmalpflege" vom 30.01.1907.

Der bis dahin nur als militärischer Fachterminus bekannte Begriff Heimatschutz[197] entstand 1897, als Ernst Rudorff, Komponist und Professor an der Berliner Hochschule für Musik, unter diesem Titel[198] im "Grenzboten", einer der damals führenden kulturpolitischen Zeitschriften, zum Schutz gegen die Verschandelung der heimischen Umwelt und Landschaft aufrief. In der Heimatschutzbewegung sammelten sich zu Beginn des 20. Jahrhunderts breite Bevölkerungsschichten, "die eine fortschrittskritische und kämpferische Grundhaltung einte"[199]. Die sich rasant ausbreitende Technisierung und Industrialisierung hatte zu dramatischen Veränderungen geführt. Das vertraute Heimatgefühl war durch Zerstörung des Siedlungs- und Landschaftsbildes verloren gegangen. Durch die hinzugewonnene Mobilität siedelten sich auch abseits der Städte Industriebetriebe an. Die vorhandenen Siedlungen mussten möglichst schnell erweitert werden. Neubauten entsprachen nicht traditionellen Bauformen, sondern wurden allenfalls im historisierenden Stil errichtet. Hinzu kamen unansehnliche Außenleitungen und auffällige Reklametafeln.[200] Das Erscheinungsbild der Orte wurde durch eine Planung, die in erster Linie den Anforderungen der Industrialisierung genügen sollte, ohne die gebotene Rücksichtnahme auf gewachsenen Strukturen geradezu austauschbar nivelliert. Nicht nur die bauliche, sondern auch die in Folge der Industrialisierung eintretenden soziale Änderungen führten zu Kritik. Die Überbetonung des industriellen Nützlichkeitsdenkens hatte nach Auffassung der Heimatschutzbewegung zum Verlust regionaler Traditionen und zu einer Verarmung der sozialen Struktur geführt.[201] Dem drohenden sozialen und kulturellen Niedergang müsse mit Geschichtsbewusstsein, Idealismus und Solidarität begegnet werden.[202] Kurzum: Verloren gegangene Orientierung wurde durch eine Hinwendung zur Geschichte und zum Konservativen kompensiert.[203]

---

[197] Hierzu: *Hammer*, S. 128; Zum emotionalen und rationalen Heimatbegriff im Zusammenspiel mit Natur und Landschaft: *Piechocki*, S. 321 ff.

[198] Auszugsweise abgedruckt bei *Huse*, Texte, S. 163 f.

[199] *Hammer*, S. 124; *Huse*, Texte, S. 152.

[200] *Hammer*, S. 124 f.

[201] *Huse*, Texte, S. 152.

[202] *Speitkamp*, S.181.

[203] *Scheurmann*, S. 73, sieht Parallelen zur modernen Gesellschaft; *Hammer*, S. 124, sieht in der Heimatschutzbewegung nur ein retardierendes Moment in der industriellen Entwicklung.

Aus der Motivation der Heimatschutzbewegung ergeben sich deren Ziele, nämlich Bewahrung der vertrauten Heimatsubstanz und Bewahrung der immateriellen Heimatwerte.[204] Zur Durchsetzung dieser Ziele wurde 1904 als Dachorganisation für alle Heimat- und Traditionsvereine der "Bund Heimatschutz" gegründet.[205] Dessen Arbeitsfelder teilten sich entsprechend der verfolgten Zielrichtung in sechs Gruppen, nämlich Denkmalpflege, Pflege der überlieferten ländlichen und bürgerlichen Bauweise, Schutz der landschaftlichen Natur inklusive der Ruinen, Rettung der einheimischen Tier- und Pflanzenwelt sowie der geologischen Eigentümlichkeiten, Erhalt der Volkskunst auf dem Gebiet der beweglichen Gegenstände und letztlich Erhalt der Sitten, Gebräuche, Feste und Trachten.[206] Während der Bund vorwiegend Öffentlichkeitsarbeit leistete, oblag die praktische Arbeit den lokalen Vereinen. Die Dezentralisierung entsprach den Zielen der Bewegung, regionale Eigenarten und landschaftliche Besonderheiten als wesentlichen Bestandteil der Denkmalpflege zu begreifen.[207] Für das Kölner Gebiet sind der schon erwähnte Rheinische Verein für Denkmalpflege und Heimatschutz und dessen 1907 gegründeter Zweigverein Köln zu nennen.

Die Heimatschutzbewegung verfolgte die Bewahrung, Wiederherstellung und behutsame Weiterentwicklung eines vielschichtigen Heimatwertes. Objekte des Heimatschutzes waren Landschafts-, Orts- und Städtebilder, die einheimische Natur einschließlich der Tier- und Pflanzenwelt, aber auch immaterielle Werte wie die tradierte Lebensweise. Einzelne kunsthistorische Aspekte oder die Erhaltung von Bauwerken spielten gegenüber dem Heimatwert allenfalls eine Nebenrolle.[208] Demgegenüber standen für die Denkmalpflege wissenschaftliche Untersuchung und Erhaltung der Originalsubstanz im Vordergrund. Da aber häufig die Kulturdenkmäler das Heimatbild ebenso prägten wie der Erhalt einer typischen Bauweise, gab es enge Koalitionen.[209] Dies zeigt sich etwa daran, dass die auf

---

204 *Hammer*, S. 125 f.

205 Siehe hierzu: *Aufruf zur Gründung eines Bundes Heimatschutz*, S. 59 ff., der unter anderem von dem Provinzialkonservator der Rheinprovinz, Paul Clemen, unterzeichnet wurde.

206 *Aufruf zur Gründung eines Bundes Heimatschutz*, S. 62 ff.

207 *Jakobi*, S. 122.

208 *Hammer*, S. 127.

209 *Hammer*, S. 127 f.

gemeinsamen Tagungen[210] erarbeiteten Zielsetzungen anschließend auf lokaler Ebene verfolgt wurden. Die Heimatschutzbewegung gewann hierdurch Einfluss gerade auf die örtliche Denkmalpflege, die wiederum von der Dynamik und Popularität der Bewegung profitierte.[211]

Der Schutz von Denkmälern, die in Privateigentum standen, konnten Anfang des 20. Jahrhunderts gegen den Willen des Eigentümers nicht durchgesetzt werden, weil es an einer gesetzlichen Ermächtigungsgrundlage fehlte. Im Zuge der starken Heimatschutzbewegung gab der Gesetzgeber seine reservierte Haltung auf. Wenn auch der Abbruch historischer Substanz nicht verhindert werden konnte, erhielt die Denkmalpflege doch immerhin die Grundlage, ästhetische Beeinträchtigungen zu verhindern.[212] § 1 des Verunstaltungsgesetzes von 1907[213] schrieb den Gemeinden vor, die baupolizeiliche Genehmigung zur Ausführung von Bauten und baulichen Veränderungen zu versagen, wenn dadurch das Ortsbild gröblich verunstaltet würde. Darüber hinaus wurden die Gemeinden ermächtigt, sich durch Ortsstatut vor baulichen Verunstaltungen zu schützen, indem die Ausführung oder Änderung von Bauten an bestimmten Straßen und Plätzen (§ 2) sowie das Anbringen von Reklameschildern, Schaukästen, Aufschriften und Abbildungen (§ 3) der baupolizeilichen Genehmigung bedurften. Die Stadt Köln machte von dieser Ermächtigung durch die Ortssatzung vom 21. Juni 1926[214], durch Polizeiverordnung vom 1. Oktober 1926[215] und durch Ortssatzung vom 14. Februar 1929[216] Gebrauch.

Zusammenfassend: Der bis dahin militärische Fachausdruck "Heimatschutz" war Namensgeber für eine breite Bewegung, deren Ziel die "Re-

---

210 1903 wurde auf dem Denkmaltag der Ausschuss zur Pflege heimatlicher Natur, Kunst und Bauweise gegründet; seit 1910 fand eine gemeinsame Tagung für Denkmalpflege und Heimatschutz statt; hierzu *Hammer*, S. 129 f. mit Literaturhinweisen.

211 *Hammer*, S. 127 ff.

212 *Hammer*, S. 130 ff.

213 GS, S. 260 f.

214 Abgedruckt im KStA (Abendausgabe) vom 05.10.1926; Wiedergegeben im Anhang Nr. 4.

215 Abgedruckt im KStA (Abendausgabe) vom 05.10.1926; Wiedergegeben im Anhang Nr. 5.

216 Abgedruckt im KStA (Abendausgabe) vom 14.03.1929; Wiedergegeben im Anhang Nr. 6.

Harmonisierung einer durch Industrialisierung und kapitalistischen Liberalismus als bedroht empfundenen Umwelt"[217] war. Wegen der teilweise übereinstimmenden Ziele "vermählten"[218] sich Heimatschutz und Denkmalpflege. Gemeinsame Tagungen, Vereingründungen und Publikationen verliehen der kommunalen Denkmalpflege wegen des naturgemäß örtlichen Bezuges Impulse. Die Stadt Köln machte von der Ermächtigung des 1907 in Kraft getretenen Verunstaltungsgesetzes durch Ortsatzungen zum Schutz des Ortsbildes Gebrauch.

II. Der erste Stadtkonservator

Die Stadt Köln hatte 1912 als erste Stadt im damaligen Deutschen Reich die Stelle des Stadtkonservators geschaffen. Die Pflege der stadteigenen historischen Baudenkmäler hatte zuvor den Bauämtern in der Person des jeweiligen Stadtbaumeisters[219] als ausführendes Organ der Denkmalpflege oblegen. Die Stadt Köln gliederte die Denkmalpflege aus. Am 4. Dezember 1913 übertrug die Stadtverordnetenversammlung dem ehemaligen Kölner Stadtbaurat und Leiter des Hochbauamtes, dem Geheimen Baurat Friedrich Carl Heimann[220] die Pflege der Bau- und Kunstdenkmäler als Stadtkonservator im Hauptamt auf Lebenszeit. [221] Die Aufwertung der Denkmalpflege in Köln durch einen eigenen Stadtkonservator war also zumindest auch Folge der Heimatschutzbewegung, indem sie ein Gegengewicht zu der durch die zeitgenössische Bau- und Planungspolitik bedrohten Denkmalkultur schaffte und damit dem Heimatschutzgedanken einen staatlich organisierten Rahmen gab.[222]

---

[217] *Spiegelhauer*, S. 234.

[218] So der Ausdruck von *Spiegelhauer*, S. 234.

[219] *Johann Peter Weyer* Stadtbaumeister 1840, *Julius Raschdorff* Stadtbaumeister 1854 bis 1872, *Josef Stübben* Stadtbaumeister 1881 bis 1898.

[220] Weitere Stadtkonservatoren: *Hans Verbeek* 1925 bis 1933, *Hans Vogts* 1933 bis 1948, *Hanna Adenauer* 1948 bis 1969 (am 1. April 1953 offiziell ernannt, vorher kommissarisch), *Fried Mühlberg* 1969 bis 1978, *Hiltrud Kier* 1978 bis 1990, *Ulrich Krings* 1990 bis 2005, *Renate Kaymer* seit 2006.

[221] *Kier*, Glanz und Elend der Denkmalpflege in Köln, S. 242, mit Literaturnachweisen.

[222] Worauf *Krings*, S. 10, hinweist.

Die in Köln in den 1830er Jahren einsetzende Industrialisierung hatte zu grundlegenden wirtschaftlichen und sozialen Veränderungen geführt, die sich auf das Stadtbild und die Infrastruktur der Altstadt auswirkten. Eisenbahnverkehr und Dampfschifffahrt hatten die Personenbeförderung und den Warenumsatz erhöht und beschleunigt. Das traditionelle Handwerk war durch maschinelle Massenfabrikation zunehmend ersetzt worden. Der hieraus resultierende Verlust von Arbeitsplätzen auf dem Land hatte die Menschen zu den Industrieansiedlungen in der Stadt getrieben. Neben Industrieansiedlungen waren Handelsunternehmungen, Banken und Versicherungen entstanden.[223] Im Jahr 1881 war die Stadtmauer niedergelegt worden, um Raum für die Bevölkerung, die Industrie und die Verkehrbedürfnisse zu schaffen.[224] Nachdem 1888 das rechtsrheinische Deutz eingemeindet worden war, wurde zwei Jahre später die Rheinuferstraße gebaut, 1904 auf dem Heumarkt eine 6.700 m² große Markthalle errichtet und schließlich mit dem Bau der 1914 fertiggestellten Deutzer Hängebrücke begonnen. Dies hatte zum Verlust zahlreicher Bürgerhäuser und zur Zerstörung gewohnter Straßenansichten[225] geführt. Allein für den Bau der Markthalle war ein komplettes Wohnviertel mit 70 Häusern abgebrochen worden. Die linksrheinische Rampe der Deutzer Hängebrücke teilte den historischen Heumarkt und ragte weit in die Altstadt.[226]

Hatte sich die Stadt im Sog der industriellen Revolution bislang eher einseitig wirtschaftlichen Anforderungen untergeordnet, gewannen Anfang des 20. Jahrhunderts die Ideale und Ziele der Heimatschutzbewegung an Einfluss. Getragen durch breite Zustimmung organisierte sich der Heimatschutz in Vereinen, in denen auch die Kölner Denkmalpflege maßgeblichen Einfluss ausübte. Das findet seine Bestätigung in der Person des ersten Stadtkonservators Friedrich Carl Heimann. Heimann war Mitbegründer des Zweigvereins Köln des Rheinischen Vereins für Denkmalpflege und Heimatschutz und somit „der natürliche Verbindungsoffizier"[227] zwischen Heimatschutz und kommunaler Denkmalpflege.

---

223 Siehe hierzu *Dietmar/Jung*, S. 165 ff.

224 Zur Geschichte: *Kier*, Köln als Festungsstadt, S. 16 ff.

225 Hierzu *Vogts*, Kölns städtebauliche Entwicklung, S. 15 ff., 44; *Arntz*, späterer Kölner Stadtplaner als Nachfolger von Fritz Schumacher, wies in seiner Besprechung des Buches von *Vogts*, Das Kölner Wohnhaus, darauf hin, dass von den dort abgebildeten 105 Wohnhäusern nur 45 nicht den Bauarbeiten zum Opfer gefallen waren.

226 *Kier*, Glanz und Elend der Denkmalpflege in Köln, S. 242 f.

227 *Vogts*, Die städtische Denkmalpflege, S. 140.

Auch Carl Rehorst, seit 1907 Beigeordneter der Stadt Köln für Hochbau und Stadtplanung, und als ehemaliger Provinzialkonservator von Sachsen[228] ausgewiesener Denkmalpfleger., untermauerte sein Engagement für Denkmalpflege und Heimatschutz als Vorsitzender des Vereins .[229] Der Zweigverein Köln trat nach seiner Satzung neben anderen Zielen des Heimatschutzes dafür ein, "in Anlehnung an die Bestrebungen der staatlichen und provinzialen Denkmalpflege auf den Schutz, die Sicherung und Erhaltung der in der Rheinprovinz vorhandenen Denkmäler der Geschichte und der Kunst hinzuwirken, zu Erforschung der Geschichte dieser Denkmäler beizutragen und sie durch Veröffentlichungen aller Art weiteren Kreisen bekanntzugeben".[230]

Neben dem Aspekt des Heimatschutzes nahm auch die Kunst mehr Raum in Anspruch. Wie der spätere Stadtkonservator Vogts formulierte, war die neue Denkmalpflege in der Verpflichtung, der Nachwelt auch die künstlerische Form – zugleich als Vorbild für eine neue Kunst - zu erhalten, zumal die neuschöpfende Baukunst aufhöre, die alten Stilformen nachzuahmen.[231] Auch der Geschichtswert des Denkmals hatte die Denkmalpflege Anfang des 20. Jahrhunderts interdisziplinär erweitert, so dass es einer Spezialisierung bedurfte. Der städtische Konservator sollte die Bedeutung der Denkmäler im Stadtgefüge und in der Stadtgeschichte in den Vordergrund stellen. Hierfür bedurfte es besonderer Kenntnis der örtlichen Denkmäler und ihres Zusammenhangs. Ferner sollte eine enge Verbundenheit mit der städtischen Verwaltung deren Fürsorge und Rücksicht auf die Denkmalpflege fördern.[232]

Zusammenfassend: Die Stadt Köln schuf 1912 als erste Stadt im Deutschen Reich die Stelle eines Stadtkonservators. Die Folgen der Industrialisierung hatten eine Heimatschutzbewegung ausgelöst, deren Protagonisten schon kraft Amtes der kommunalen Denkmalpflege in Köln verschrieben waren. Das Amt des Stadtkonservators bildete den öffentlichen Rahmen für die Ziele des Heimatschutzes. Gleichzeitig trug die Stadt Köln dem

---

228 *Spiegelhauer*, S. 214, Fn. 37.
229 Zu dessen Vorstellungen von der Stadtplanung für Köln: *Meynen*, S. 4, *Roth*, S. 582 f.
230 *Kier*, Glanz und Elend der Denkmalpflege in Köln, S. 241, die dort die Satzung zitiert.
231 *Hans* Vogts, Die städtische Denkmalpflege, S. 138 f.
232 *Vogts*, Die städtische Denkmalpflege, S. 140.

Kunst- und Geschichtswert ihrer Denkmäler durch ein ausgegliedertes Spezialamt Rechnung.

B. Aufgaben und Befugnisse des Stadtkonservators

I. Dienstanweisung vom 2. August 1913

Rechtsstellung, Zuständigkeit, Aufgaben und Befugnisse des ersten Stadtkonservators ergeben sich aus dessen Dienstanweisung vom 2. August 1913[233].

Der Stadtkonservator unterstand unmittelbar dem Oberbürgermeister. Nur soweit es um die Beaufsichtigung und Unterhaltung der Baudenkmäler ging, unterstand er der Dienst- und Fachaufsicht des Beigeordneten für das städtische Bauwesen.[234] Das Amt des Städtischen Konservators umfasste nach der Dienstanweisung vom 2. August 1913 alle Denkmalpflege-Angelegenheiten der Stadt, also auch die Bodendenkmalpflege. Die Aufgaben des Stadtkonservators waren - begrenzt auf das Gebiet der Stadt Köln - mit denen des Provinzialkonservators vergleichbar.

Dem Stadtkonservator oblag die Beaufsichtigung und Unterhaltung einzelner in der Dienstanweisung aufgeführter stadteigener historischer Gebäude einschließlich der römischen Baureste.[235] Zwar gehörte die "Unterhaltung dieser Gebäude in Dach und Fach" in die Zuständigkeit des Hochbauamtes.[236] Die Mitwirkung des städtischen Konservators trat aber ein, wenn Änderungen in der baulichen Substanz, Architektur, Ausstattung oder Ausschmückung beabsichtigt waren.[237] Die Dienstanweisung schrieb hierzu allerdings lediglich die Verpflichtung der betreffenden Dienststellen vor, den Konservator über beabsichtigte Änderungen rechtzeitig zu informieren.[238] Über die Ausgestaltung der Mitwirkung oder die Folgen von Meinungsverschiedenheiten schwieg sie sich aus.

---

[233] HAStK Acc. 229, Abt. 11, Nr. 578, Bl. 181 ff., wiedergegeben im Anhang Nr. 7

[234] Ziff. 1 der Dienstanweisung vom 2. August 1913.

[235] Ziff. 2 a aaO.

[236] Bem. zu Ziff. 2 a aaO.

[237] Bem. zu Ziff. 2 a aaO.

[238] Bem. zu Ziff. 2 a aaO.

Die Beaufsichtigungspflicht des Stadtkonservators bezog sich ferner auf die Veränderung an Kirchen und deren Umgebung.[239] Hier sah die Dienstanweisung vor, dass sich der städtische Konservator mit dem Provinzialkonservator ins Einvernehmen zu setzen hatte.[240] Da der Stadtkonservator selbst keine eigene Eingriffsmöglichkeit hatte, handelte es sich lediglich um ein Unterrichtungsrecht.

Auch "bemerkenswerte Wohnhäuser", die im Privateigentum standen, gehörten zu den Objekten, die in die Fürsorge des Stadtkonservators gelegt waren.[241]. Hier hatte er der städtischen Baupolizeiverwaltung ein Exemplar des von ihm zu führenden Verzeichnisses der bemerkenswerten Wohnhäuser zur Verfügung zu stellen. Betraf ein Bau- oder Abbruchantrag ein solches Objekt, war die Bauverwaltung verpflichtet, den Stadtkonservator zu unterrichten. Dieser konnte zwar eine geplante Veränderung nicht verhindern. Er sollte aber wenigstens die Möglichkeit haben, den Zustand des Hauses vorher photographisch zu dokumentieren.[242]

Dem Stadtkonservator oblag auch die Beaufsichtigung "alter Baureste und Funde"[243]. Hierzu gehörten nach der Aufzählung in der Dienstanweisung Gräber, Mosaiken, Wandmalereien und Architekturen.[244] Wenn bei Ausführungen städtischer Arbeiten oder bei Abbrüchen derartige Gegenstände entdeckt wurden, war dem Stadtkonservator Mitteilung zu machen[245], "damit der Bestand ungesäumt festgestellt werden kann, gegebenenfalls im Einvernehmen mit den Vorstehern des Tiefbauamtes und der Museen"[246]. Diese Regelung grenzt die Zuständigkeiten von Konservator, Tiefbauamt und Museen nicht ab. Es dürfte auch zweifelhaft sein, ob tatsächlich die Mitwirkungsform des Einvernehmens, also des übereinstimmenden Handelns gemeint ist. Denn sonst hätte die Aufnahme einer Regelung zur Lösung des Konflikts bei abweichenden Auffassungen nahegelegen, wie etwa eine Entscheidung durch den Oberbürgermeister.

---

[239] Ziff. 2 e aaO.
[240] Bem. zu Ziff. 2 d und Ziff. 2 e aaO.
[241] Ziff. 2 c aaO.
[242] Bem. zu Ziff. 2 c aaO.
[243] Ziff. 2 b aaO..
[244] Bem. zu Ziff. 2 b aaO.
[245] Bem. zu Ziff. 2 b aaO.
[246] Bem. zu Ziff. 2 b aaO.

Die Dienstanweisung legte dem Stadtkonservator die Verpflichtung auf, alte bemerkenswerte Wohnhäuser in ein Verzeichnis aufzunehmen.[247] Darüber hinaus hatte er an der vom Provinzialkonservator herausgegebenen Inventarisation der "Kunstdenkmäler der Rheinprovinz"[248] mitzuwirken.[249] Wegen der Bedeutung des Inventars über das Stadtgebiet hinaus war der städtische Konservator ausdrücklich gehalten, sich mit dem Vorsitzenden des Denkmalrats und dem Provinzialkonservator der Rheinprovinz ins Einvernehmen zu setzen.[250]

Soweit Angelegenheiten der Denkmalpflege betroffen waren, hatte der Stadtkonservator an den Sitzungen der Stadtverordnetenversammlungen mit beratender Stimme teilzunehmen und hierbei "möglichst anregend zu wirken".[251] Auch bei der Aufstellung des Ortsstatuts zum Schutz der Stadt gegen Verunstaltungen[252] sowie bei Erwerbungen architektonischer Art für das historische Museum[253] hatte der Stadtkonservator mitzuwirken. Er war darüber hinaus Mitglied der Kommission für das historische Museum.[254]

Zu den Aufgaben des Stadtkonservators gehörte schließlich die Teilnahme an den Tagungen der Provinzialkonservatoren. Das ergibt sich aus einem Begleitschrieben an den Regierungspräsidenten zu dem Antrag des Geheimen Baurats Heimann an den Kultusminister vom 5. Juni 1914: "Es würde den dem Geheimen Baurat Heimann obliegenden Dienstgeschäften durchaus förderlich sein, wenn er den Tagungen der Provinzialkonservatoren beiwohnen dürfte, weshalb ich bitte, seinen dahingehenden Antrag befürworten zu wollen."[255] Ziel der

---

247 Ziff. 2 c aaO.

248 Der spätere Provinzialkonservator der Rheinprovinz (seit 1893) Paul Clemen hatte seit 1890 zunächst als Leiter der "Kommission für die Denkmälerstatistik" im Auftrag der Provinzialverwaltung die Inventarisation der Kunstdenkmäler der Rheinprovinz aufgebaut. Eine Beaufsichtigung der Kunstdenkmäler schien ihm nur möglich aufgrund eines Inventars, das den gesamten Denkmälerbestand eines jeden Ortes von den Kirchengebäuden herab bis zu dem kleinsten Ausstattungsgegenstand festlegt. Hierzu: *Schyma*, S. 111 ff.

249 Ziff. 2 d der Dienstanweisung vom 2.August 1913.

250 Bem. zu Ziff. 2 d und Ziff. 2 e aaO.

251 Ziff. 5 aaO.

252 Ziff. 2 f aaO.

253 Ziff. 2 g aaO.

254 Ziff. 4 aaO.

255 Antrag vom 5. Juni 1914, HAStK, Acc. 229, Abt. 11, Nr. 578, Bl. 188 ff.

angestrebten Teilnahme dürfte gewesen sein, die Angelegenheiten der örtlichen Denkmalpflege in einen überregionalen Kontext einzubinden und den wissenschaftlichen Austausch zu ermöglichen.

Wie bereits oben dargestellt stand dem Provinzialkonservator ein Sistierungsrecht zu. Danach konnte er die Fortsetzung nicht fachgerechter Restaurierungsarbeiten an öffentlichen Gebäuden vorläufig untersagen und die Entscheidung des Ministers einholen. Dem Stadtkonservator hingegen stand ein solches Recht nicht zu, da er neben seiner Stellung als Beamter der Stadt Köln nicht zugleich Delegierter des Staatskonservators war. Die Dienstanweisung sah auch keine entsprechende Regelung vor, wie etwa die Sistierung bis zur Entscheidung durch der Oberbürgermeister. Erst recht hatte der Stadtkonservator keine Befugnis, Veränderungen an oder Abbrüche von Baudenkmälern zu verhindern, die im Privateigentum standen. Seine Tätigkeit beschränkte sich hier auf photographische Dokumentation.

II. Dienstanweisung vom 5. Juni 1917

Die Dienstweisung vom 2. August 1913 wurde durch die "Dienstanweisung vom 5. Juni 1917 für den städtischen Konservator, Geheimen Baurat Heimann"[256] ersetzt. Rechtsstellung, Aufgaben und Befugnisse blieben unverändert. Nur die Zuständigkeit wurde eingeschränkt. Für die Denkmalpflegeangelegenheiten, die sich auf die römischen Baureste bezogen, hatte man eine spezielle Konservatorenstelle geschaffen. Soweit sich Überschneidungen ergaben, weil es um Veränderungen an vollständigen Baudenkmälern aus römischer Zeit oder um den Aufbau römischer Baureste an anderer Stelle ging, sah die Dienstweisung vor, dass sich beide städtische Konservatoren ins Benehmen setzten.[257]

---

[256] HAStK, Acc. 229, Abt. 11, Nr. 578, Bl. 195 ff., auszugsweise wiedergegeben im Anhang Nr. 8.

[257] Ziff. 2 Abs. 2 und Abs. 3 der Dienstanweisung vom 5. Juni 1917.

III. Dienstanweisung vom 6. November 1959

Die Dienstanweisung für den Konservator der Stadt Köln vom 6. November 1959[258] trug der zwischenzeitlich erfolgten Verlagerung der Dienststelle Rechung, definierte den Denkmalbegriff, differenzierte die Zuständigkeiten und übertrug dem städtischen Konservator neue Aufgaben.

Hatte der Stadtkonservator ausweislich der früheren Dienstanweisungen unmittelbar dem Oberbürgermeister und hinsichtlich der Beaufsichtigung und Unterhaltung von Baudenkmäler der Dienst- und Fachaufsicht des Beigeordneten für das städtische Bauwesen unterstanden, so war er nach der Dienstanweisung vom 6. November 1959 dienstlich und fachlich unmittelbar dem Beigeordneten des Amtes für Kunst und Kultur unterstellt.[259]. Die Umgliederung war organisatorisch bereits am 23. Oktober 1950 erfolgt.[260] Ferner stellte die Dienstanweisung klar, dass der städtische Konservator in keinem dienstlichen Verhältnis zu den Denkmalpflegestellen des Landes oder des Staates stand.[261]

Mit der Verlagerung der Dienststelle war auch die unmittelbare Unterstellung der Dienststelle des Konservators unter den Oberbürgermeister aufgehoben worden. Hierdurch ging die Unabhängigkeit des Stadtkonservators verloren.[262] Der frühere Stadtkonservator Hans Vogts[263] hatte sich schon 1948 hiergegen gewehrt[264] und die von ihm als Entwertung empfundene Neuorganisation

---

258 HAStK, Acc. 229, Abt. 11, Nr. 578, Bl. 204 ff., wiedergegeben im Anhang Nr. 9.

259 Ziff. I Abs. 1 der Dienstanweisung vom 6.November 1959.

260 Mitteilungsblatt Stadt Köln vom 28.Oktober 1950, HStK 7215.

261 Ziff. 1 Abs. 2 der Dienstanweisung vom 6. November 1959.

262 *Kier*, Glanz und Elend der Denkmalpflege in Köln, S. 262, Fn. 4, weist auf folgende Besonderheit hin: Hanna Adenauer, Stadtkonservatorin von 1948 (am 1. April 1953 offiziell ernannt, vorher kommissarisch) bis 1969 war Cousine des damaligen Oberstadtdirektors Max Adenauer, so dass der direkte Kontakt schon aus familiären Gründen vorhanden gewesen sei.

263 Hans Vogts, der bereits seit 1933 als Nachfolger von Hans Verbeek Konservator der Stadt Köln war, wurde mit Wirkung vom 1. April 1945 erneut zum Stadtkonservator ernannt und auf eigenen Antrag mit Wirkung zum 31. März in den Ruhestand versetzt (Ernennungsurkunde vom 20. Dezember 1945: HAStK, Acc., 781/2408/2, Bl. 2; Urkunde über die Versetzung in den einstweiligen Ruhestand vom 19. März 1948: HAStK, Acc., 781/2408/2, Bl. 29.

264 *Vogts*, Schreiben vom 25. Februar 1948, HAStK, Acc., 781/2408/2, Bl. 26 f., wiedergegeben im Anhang Nr. 10.

sogar zum Anlass genommen, Versetzung in den Ruhestand zu beantragen.[265] Was war der Grund für die Verlagerung der Dienststelle vom Baudezernat zum Kulturdezernat? Nach Auffassung der ehemaligen Stadtkonservatorin Kier sollte möglichen Interessenkollisionen vorgebeugt werden.[266] In der Tat liegt es nahe, dass die Belange des Denkmalschutzes in der Zeit des Wiederaufbaus angesichts von Wohnungsnot und brachliegender Industrie in der Bauverwaltung schwerer zur Geltung zu bringen waren als in der Verwaltung für Kunst und Kultur. Im Übrigen dürfte die Zuordnung zum Kulturdezernat dem interdisziplinären Selbstverständnis der Denkmalpflege mit ihren historischen und kunstgeschichtlichen Ansätzen eher entsprochen haben.

Der Stadtkonservator war zuständig für alle beweglichen und unbeweglichen Denkmale der Kunst, Geschichte und Kultur, soweit sich diese über der Erde befinden.[267] Die Dienstanweisung definierte den Denkmalbegriff: Denkmale waren danach nicht nur Einzelwerke, sondern auch geschlossene Anlagen wie Höfe, Gutshäuser, einschließlich des umgebenden Baumbestandes (Parks und Alleen), Plätze, Ortsbilder, Wehranlagen, Umfassungsmauern und Mühlen.[268] Voraussetzung des konservatorischen Schutzes war, dass die Erhaltung der Denkmale wegen ihrer Bedeutung für Geschichte, Kunst, Wissenschaft oder Heimatschutz im öffentlichen Interesse lag.[269] Zur ausdrücklichen Zuständigkeit des Stadtkonservators gehörten somit alle stadteigenen Bau- und Kunstdenkmäler und die Kunstdenkmäler in kirchlichem und in privatem Besitz. Entsprechend der Denkmaldefinition erstreckte sich die Zuständigkeit auch auf die Umgebung des jeweiligen Bau- und Kunstdenkmals, soweit sie historisch oder für den Ortscharakter von Bedeutung war.[270]

Nicht freigelegte Bodenaltertümer gehörten bis zu ihrer Freilegung zur Zuständigkeit der Bodendenkmalpflege. Die spätere Zuständigkeit richtete sich

---

265 *Vogts*, Schreiben an Wirtz vom 25. Februar 1948, HAStK, Acc., 781/2408/2, Bl. 27., wiedergegeben im Anhang Nr. 11.

266 *Kier*, Glanz und Elend der Denkmalpflege in Köln, S. 262, Fn. 4.

267 Ziff. II Nr. 1 Abs. 1 der Dienstanweisung vom 6. November 1959.

268 Ziff. II Nr. 1 Abs. 2 aaO.

269 Ziff. II Nr. 1 Abs. 3 aaO.

270 Ziff. II Nr. 1 Abs. 4 aaO.

nach der Zweckbestimmung der Funde.[271] Die Denkmale aus vorgeschichtlicher, römischer und fränkischer Zeit (insbesondere Hügelgräber, Steindenkmale, Burgwälle, Schanzen, Landwehre) waren aus der an sich gegebenen Zuständigkeit des Konservators ausgenommen. Entsprechend den Ausführungsbestimmungen zum Ausgrabungsgesetz unterstanden sie dem Schutz des Römisch-Germanischen Museums der Stadt Köln und des staatlichen Vertrauensmannes für das Ausgrabungswesen, solange dort ein eigenes Interesse bestand.[272]

Zu den Aufgaben des Konservators gehörte die Beaufsichtigung der Bau- und Kunstdenkmäler im Stadtgebiet. Er hatte sich durch laufende Beobachtung einen Überblick über den Zustand der denkmalwerten Bauten zu verschaffen. Die Dienststellen der Stadtverwaltung waren verpflichtet, dem Konservator sämtliche Veränderungen an Denkmalen und ihrer Umgebung mitzuteilen.[273]

Ferner gehörte zu den Aufgaben des Stadtkonservators die wissenschaftliche Erforschung der Denkmale, die Bereitstellung von Unterlagen für die denkmalpflegerische Planung sowie die Dokumentation der durchgeführten Arbeiten.[274] Deshalb musste der Konservator ein Verzeichnis der Bau- und Kunstdenkmäler im Stadtgebiet führen und ergänzen. Die Aufnahme eines Denkmals in dieses Verzeichnis verpflichtete Bauverwaltung und Stadtplanung, den Konservator über jede Maßnahme an den Denkmälern oder in deren Umgebung zu unterrichten.[275] Das Verzeichnis bestand und Denkmalliste und Denkmalarchiv. Die laufend zu aktualisierende Denkmalliste enthielt alle im Gebiet der Stadt Köln vorhandenen Denkmalbauten mit Hinweisen auf ihre historische Bedeutung, und zwar alphabetisch und der Belegenheit nach geordnet.[276] Die Dienstanweisung legte dem Konservator die Verpflichtung auf, diese Liste bis zum 31.12.1960 erstmals und vollständig aufzustellen.[277] Das Denkmälerarchiv enthielt alle zeichnerischen und photographischen Darstellungen der in der Denkmalliste enthaltenen Bau- und Kunstdenkmäler. Sie dienten als Vergleichsmaterial für die praktische und

---

[271] Ziff. II Nr. 1 Abs. 1 aaO.
[272] Ziff. II Nr. 1 Abs. 5 aaO.
[273] Ziff. II Nr. 3 a) Abs. 1 und Abs. 2 aaO.
[274] Ziff. II Nr. 2 Abs. 1 aaO.
[275] Ziff. II Nr. 1 Abs. 8 aaO.
[276] Ziff. II Nr. 2 Abs. 4 zu a) aaO.
[277] Ziff. II Nr. 2 Abs. 2 a) aaO.

wissenschaftliche Arbeit.[278] Der Konservator war verpflichtet, die zeichnerische und photographische Aufnahme aller Bau- und Kunstdenkmäler sowie aller Baureste und Funde (soweit sie nicht in die Zuständigkeit des Römisch-Germanischen Museums fielen) im Stadtgebiet zu veranlassen. Ferner war der Zustand der Denkmale vor, während und nach der Instandsetzung in Bild, Zeichnung und Bericht festzuhalten.[279]

Der Konservator der Stadt Köln war darüber hinaus fachlicher Gutachter der Stadtverwaltung in allen Denkmalangelegenheiten.[280] Stadteigene Denkmale genossen seinen Schutz. Bei baulichen Maßnahmen hatte er bei Entwurf und Bauausführung mitzuwirken und auf die Einhaltung denkmalschützender Normen zu achten. Seine Beratung bei Methoden und Technik restauratorischer Behandlung waren für die Bauleitung verpflichtend.[281]

Neben dem Provinzialkonservator war auch der Stadtkonservator verpflichtet, bereits im Vorfeld konkreter Maßnahmen das Verständnis für Denkmalpflege in der Bevölkerung zu wecken. Zu diesem Zweck sollte er alle wissenschaftlichen, künstlerischen und heimatkundlichen Bestrebungen fördern, die zur Denkmalpflege in enger Beziehung standen.[282]

Der städtische Konservator nahm durch die Bewilligung von Beihilfen wesentlichen Einfluss auf private Denkmalpflege. Er hatte für den internen Dienstgebrauch eine Verfahrensordnung mit den Grundsätzen für die Bewilligung und die Überwachung der Arbeiten aufzustellen.[283] Materiell war er dafür verantwortlich, dass die bereitgestellten Mittel zweckgebunden verwendet wurden.[284]

Die Dienstanweisung stellte fest, dass ein Denkmalschutzgesetz nicht bestand. Deshalb sollte der Stadtkonservator nach Kräften darauf hinwirken, dass

---

278 Ziff. II Nr. 2 Abs. 2. b) aaO.
279 Ziff. II Nr. 1 Abs. 10 aaO.
280 Ziff. 2 Nr. 1 Abs. 11 aaO.
281 Ziff. II Nr. 3 d) aaO.
282 Ziff. II Nr. 3 a) Abs. 3 aaO.
283 Ziff. II Nr. 3 c) Abs. 2 aaO.
284 Ziff. II Nr. 3 c) Abs. 1 aaO.

das Land diesen Fragenkreis gesetzlich regele. Hierzu hatte er selbst konkrete Vorschläge auszuarbeiten.[285]

Schließlich verpflichtete die Dienstanweisung den Konservator, bis zum Erlass eines Denkmalschutzgesetzes die Voraussetzungen für konservatorische Maßnahmen im größtmöglichen Umfang durch neue oder aktualisierte Ortssatzungen zu schaffen.[286]

Auch nach der Dienstanweisung vom 6. November 1959 hatte der Stadtkonservator keine Befugnis, Veränderungen an Denkmälern zu verhindern oder erforderliche Restaurationen gegen den Willen des Eigentümers durchzusetzen. Lediglich bei der restauratorischen Behandlung von Gebäuden, die im Eigentum der Stadt standen, konnte er die Entscheidung des Oberstadtdirektors herbeiführen, wenn die Bauleitung von seinen fachlichen Vorschlägen zur Methode oder Technik abweichen wollte.[287] Im Übrigen war der Konservator bei allen Baumaßnahmen an und in der Umgebung von Baudenkmalen nur zu hören.[288] Hier bestand lediglich eine Einflussmöglichkeit über die Zweckbindung von Beihilfen.

Zusammenfassend: Rechtsstellung, Zuständigkeit und Aufgaben des ersten städtischen Konservators ergeben sich aus den Dienstanweisungen vom 2. August 1913 und vom 5. Juni 1917. Der städtische Konservator war für sämtliche Denkmalpflege-Angelegenheiten der Stadt zuständig. Für die römischen Baureste schuf die Stadt 1917 eine Spezialzuständigkeit. Zu den Aufgaben des Stadtkonservators gehörte der Schutz der stadteigenen Baudenkmäler, der Kirchen und ihrer Umgebung sowie der im Privateigentum stehenden bemerkenswerten Häuser. Auch archäologische Denkmäler waren in seine Obhut einbezogen. Neben umfassender fachlicher Beratung in Angelegenheiten der städtischen Denkmalpflege oblag dem Stadtkonservator die Unterstützung des

---

[285] Ziff. II Nr. 3 b) Abs. 1 aaO.

[286] Ziff. II Nr. 3 b) Abs. 2 aaO.
Es bestanden bereits die Ortssatzungen: vom 21. Juni 1926, vom 14. Februar 1929, 6. März 1929, 17. Juli 1940, 5. Juni 1950 und 27. Juni 1957 (Quellenangaben siehe Literaturverzeichnis sowie die Zusammenstellung der Ortssatzungen und Polizeiverordnungen in HAStK, Acc. 229, Nr. 5, Bl. 103).

[287] Ziff. II Nr. 3 d) aaO.

[288] Ziff. II Nr. 1 Abs. 7 aaO.

Provinzialkonservators bei der Inventarisierung. Bei dem Schutz von stadteigenen Baudenkmälern vor Veränderungen war der städtische Konservator auf eine nicht näher definierte Mitwirkung beschränkt. Soweit Kirchen und ihre Umgebung betroffen waren, hatte der Stadtkonservator lediglich das Recht, den Provinzialkonservator zu informieren. Der Schutz privater Baudenkmäler war auf photographische Dokumentation reduziert. Der Stadtkonservator hatte keine Befugnis, den Schutz von Denkmälern mit Zwang durchzusetzen. Anders als dem Provinzialkonservator stand ihm auch kein Sistierungsrecht zu, da er nur weisungsgebundener Beamter der Stadt Köln und nicht zugleich staatlich Delegierter des Ministers war.

Die Dienstanweisung vom 6. November 1959 hob die unmittelbare Unterstellung des Stadtkonservators unter den Oberbürgermeister stillschweigend auf und stellte fest, dass der Stadtkonservator nunmehr dienstlich und fachlich dem Beigeordneten des Amtes für Kunst und Kultur unterstand. Erstmals wurde der Denkmalbegriff definiert. Ferner wurde die Zuständigkeit des Stadtkonservators von der des Staatlichen Vertrauensmanns für Bodenaltertümer beim Römisch-Germanischen Museum abgegrenzt. Der Stadtkonservator erhielt als weitere Aufgabe, auf eine gesetzliche Regelung des Denkmalschutzes durch das Land hinzuwirken. Bis dahin sollte er die Voraussetzungen für konservatorische Maßnahmen durch Ortssatzungen schaffen.

Die Stadt Köln hat nach 1959 keine weitere Dienstanweisung für den städtischen Konservator erlassen.

C. Kompetenzerweiterung durch Dezentralisierung

Wie bereits ausgeführt, gehörte nach dem Krieg nur der nördliche Teil der ehemaligen Rheinprovinz zu dem neu gegründeten Land Nordrhein-Westfalen. Der Regierungsbezirk Koblenz mit dem Sitz der rheinischen Provinzialverwaltung gehörte nun zur französischen Besatzungszone. Die Aufgaben der Provinzialverwaltung des Rheinlandes wurden deshalb zunächst von der Landesregierung wahrgenommen. Im Zuge der Neuorganisation wurde grundsätzlich diskutiert, ob zwei provinzielle Selbstverwaltungen, nämlich für

Nordrhein einerseits und Westfalen (ab 1947 auch Lippe) andererseits die Integrationsbemühungen in dem neu gegründeten Land nicht konterkarierten. Die nunmehr verkleinerte Rheinprovinz bot außerdem ein Argument dafür, die Verwaltung durch Entfall der provinziellen Selbstverwaltung zu straffen.

Die Denkmalpflege, die sich seit der Dotation der Provinzen und im Sog der Heimatschutzbewegung dezentral entwickelt hatte, sah sich durch die Diskussion in Nordrhein-Westfalen wieder mit Zentralisierungstendenzen konfrontiert. Gerade die Kölner Denkmalpflege begegnete dem drohenden Verlust von Einfluss mit Forderungen nach weiterer Dezentralisierung. Danach sollte die grundsätzliche Zuständigkeit für die Denkmalpflege an die Gemeinden übertragen werden. Namentlich der Stadtkonservator Vogts hatte nach Gründung des Landes Nordrhein-Westfalen Vorschläge für die Organisation der rheinischen Denkmalpflege erarbeitet.[289]

I. Grundsätzliche Überlegungen

Die ursprünglich zentral geleitete Denkmalpflege sei so gedacht gewesen, dass der Konservator zwar anregend, beaufsichtigend und begutachtend einwirke, Eingriffe und Ausführungen aber den Lokalstellen der Regierung überlasse. Angesichts der Anzahl der Denkmäler und der Größe des Staatsgebietes habe sich jedoch gezeigt, dass ein einzelner Staatskonservator schon bei der vollständigen Inventarisation als Grundlage jeder Denkmalpflege überfordert sei. Aus diesem Grund sei die Ausübung der Denkmalpflege den Provinzialverwaltungen übertragen worden. Da die Provinzialkonservatoren auch Organe der Provinzialverwaltungen gewesen seien, habe sich ihre Aufgabe von der reinen Begutachtung zur Ausführung entwickelt. Vor dem Hintergrund der Kriegszerstörungen müsse der Denkmalschutz verstärkt werden. Die bisherige nur regionale Organisation reiche nicht mehr aus, sondern müsse durch weitere Dezentralisierung abermals fortentwickelt werden. Fragen des Denkmalschutzes könnten nicht aus der Entfernung beurteilt und behandelt werden. Schon für die Inventarisation genüge nicht die gelegentliche Bereisung. Vielmehr bedürfe es des intensiven Austauschs mit Personen, die mit der lokalen Geschichte und dem lokalen Denkmälerbestand

---

289 *Vogts*, Zur Organisation der rheinischen Denkmalpflege, S. 54 ff.

vertraut seien. Darüber hinaus müsse vor jedem Eingriff in ein Denkmal mit den örtlichen Stellen verhandelt werden. Anschließend seien die Arbeiten zu überwachen und letztendlich abzunehmen. Das erfordere mehrere Besichtigungen. Angesichts dieses zunehmenden Aufwandes sei - wie seinerzeit um 1890[290] - eine weitere Dezentralisierung der Denkmalpflege geboten, anstatt die Arbeit in Ministerialinstanzen weiter zu zentralisieren. Nur durch eine Dezentralisierung könne man die erforderliche Anzahl von Personen mit Verantwortung für die Denkmäler ausstatten. Auch die für die Denkmalpflege wichtige Verteilung der Mittel solle man nicht dem Ministerium überlassen; denn nur vor Ort sei die Kontrolle sachgemäßer Verwendung gewährleistet.[291]

Aus diesen Überlegungen ergeben sich Konsequenzen für die Organisation einer auf die kommunale Ebene verlagerten Denkmalpflege:

Die staatliche Denkmalpflege solle sich auf die Aufsicht über die Städte beschränken.[292] Die grundsätzliche Zuständigkeit für die Denkmalpflege und den Denkmalschutz müsse bei den Städten mit erheblichem Denkmalbesitz liegen. Sie dürfe sich nicht auf Denkmäler im Gemeindeeigentum beschränken, deren Eigentümerin sie selbst sei. Vielmehr müsse der städtische Konservator auch bei Denkmälern, die im Eigentum der Kirche oder privater Personen stehen, mit den Rechten eines Provinzialkonservators ausgestattet sein. Der Einfluss auf private Eigentümer werde wesentlich über die Verwendung der Beihilfemittel gesteuert. Deshalb müsse die Gemeinde hierüber entscheiden. Hinsichtlich der kirchlichen Denkmäler sei - wenn man die Frage der rechtlichen Zulässigkeit einmal offen lasse - erhöhte "Staatsaufsicht"[293] geboten, da die kirchlichen Konservatoren nur die Interessen der Kirche betreuten.[294]

Entsprechend dieser umfassenden Zuständigkeit müsse die rechtlich Stellung des städtischen Konservators ausgestaltet werden. Die Erhaltung der

---

290 Durch Allerhöchste Kabinettsorder vom 19. November 1891 hatte der preußische König Wilhelm II die Zuständigkeit des Staatskonservators für den Bereich der jeweiligen Provinz auf den Provinzialkonservator übertragen.

291 *Vogts*, aaO, S. 54 f.

292 *Vogts*, aaO, S. 54.

293 So der Ausdruck von *Vogts*, aaO, S. 54.

294 *Vogts*, aaO, S. 55.

Denkmäler einer Stadt sei eine übergeordnete Aufgabe. Denkmalpflege berühre die Interessen vieler Dezernate. Sie solle von Tagesaufgaben, fiskalischen Rücksichten oder gar "Ressorttreibereien"[295] unbelastet sein. Deshalb sei es angebracht, die städtischen Konservatoren - ebenso wie die Museumsdirektoren - nicht einem Dezernenten, sondern dem Oberbürgermeister unmittelbar zu unterstellen. Im Übrigen bestehe die Notwendigkeit der Staatsaufsicht, damit der städtische Konservator gegenüber der städtischen Verwaltung Rückendeckung habe.[296] Durch diesen Vorschlag sollte die vom Provinzialkonservator bekannte Doppelstellung auf den städtischen Konservator übertragen werden. Dieser wäre dann einerseits Beamter der Gemeinde, andererseits Delegierter des Staates.

Die Heranziehung der Provinzialverbände sei durch diese Organisation nicht entbehrlich. Ihre Aufgabe bestehe in der Prüfung der Verwendung staatlicher Beihilfen anhand der von den Stadtkonservatoren eingereichten Berichte. Im Übrigen könnten dort gemeinsame Archive, Werkstätten und Beratungsgremien installiert werden.[297]

Zusammenfassend: Vor dem Hintergrund der Diskussion um die Neuordnung der Verwaltung in Nordrhein-Westfalen fürchtete die Stadt Köln, Einfluss zu verlieren, wenn die Aufgaben der Denkmalpflege zentral vom Land wahrgenommen würden. Der ehemalige Stadtkonservator Vogts plädierte unter Berufung auf die schlechten Erfahrungen mit einer zentralistischen Denkmalpflege nicht nur für eine Beibehaltung der provinziellen Denkmalpflege, sondern für eine Fortentwicklung des bisherigen Systems durch weitere Dezentralisierung auf die Gemeinden. Die Zuständigkeit für den Schutz und die Pflege sämtlicher Denkmäler innerhalb eines Stadtgebietes müsse bei der jeweiligen Gemeinde in der Person des Stadtkonservators liegen. Dieser müsse vom Tagesgeschäft der Stadtverwaltung unabhängig sein und dürfe deshalb nicht einem Dezernenten unterstellt werden. Vielmehr sei die Übernahme der vom Provinzialkonservator bekannten Doppelstellung als Beamter der Gemeinde einerseits und staatlicher Delegierter des Kultusministers andererseits sachgerecht. Den Provinzialverbänden komme die

---

[295] *Vogts*, aaO, S. 55.
[296] *Vogts*, aaO, S. 56.
[297] *Vogts*, aaO, S. 56.

Aufgabe zu, die ordnungsgemäße Verwendung staatlicher Beihilfen sicherzustellen sowie gemeinsame Archive, Werkstätten und Beratungsgremien zu unterhalten.

II. Kölner Initiative

Nachdem die Landschaftsverbände gegründet und deren Landeskonservatoren die Aufgaben der ehemaligen Provinzialkonservatoren übernommen hatten, ergriff die Stadt Köln 1959 die Initiative. Namentlich die Stadtkonservatorin Hanna Adenauer bemühte sich, staatliche Aufgaben der Baudenkmalpflege im Wege der Delegierung für das Stadtgebiet zu übernehmen. Eine solche Sonderregelung bestand bereits im Bereich der Bodendenkmalpflege.

1. Bodendenkmalpflege

Die Bodendenkmalpflege oblag, wie bereits ausgeführt, grundsätzlich den Landesmuseen in Bonn und Münster, deren Träger die Landschaftsverbände waren. Die Direktoren dieser Museen hatten die gleiche Doppelstellung wie die Landeskonservatoren für die Baudenkmalpflege. Einerseits waren sie Bedienstete des zugehörigen Landschaftsverbandes, andererseits nahmen sie als staatliche Vertrauensmänner im Wege der Delegation durch den Minister staatliche Aufgaben der Bodendenkmalpflege wahr.

Für die Stadt Köln bestand eine Besonderheit. Der Kultusminister hatte die Aufgaben des an sich zuständigen Landesmuseums in Bonn für das Gebiet der Stadt Köln bereits 1924 an den Leiter der römischen-fränkischen und römisch-germanischen Abteilung des stadteigenen Wallraf-Richartz-Museums delegiert.[298] 1946 ging aus dieser Abteilung das Römisch-Germanische Museum hervor.[299] Dessen Direktor wurde damit zugleich Delegierter des Kultusministers.[300] Grund

[298] Am 22. Januar 1924 wurde Museumsdirektor Fremersdorf durch den Preußischen Kultusminister zum staatlichen Vertrauensmann für kulturgeschichtliche Bodenaltertümer im Bereich der Stadt Köln ernannt (Personalakte Fremersdorf: HAStK Acc. 1745/3)

[299] *Horn, S. 5.*

[300] *LVR-Handbuch*, S. 218.

für diese Sonderstellung war zum einen, dass das Landesmuseum in Bonn angesichts der Vielzahl der Bodendenkmäler überlastet war.[301] Zum anderen hatte sich wegen der Anzahl und Qualität der Bodendenkmäler im Kölner Stadtgebiet bereits im 19. Jahrhundert eine hochqualifizierte Bodendenkmalpflege entwickelt.[302]

2. Baudenkmalpflege

Die Stadtkonservatorin vertrat die Auffassung, dass die Situation der Baudenkmalpflege in Köln vergleichbar sei. Deshalb müssten der Stadt Köln auch in diesem Bereich staatliche Aufgaben der Denkmalpflege im Wege der Delegation übertragen werden.

Die Stadt Köln nahm angesichts der Anzahl und Bedeutung ihrer Baudenkmäler eine Ausnahmestellung in Nordrhein ein. Sie verfügte über ein personell und sachlich qualifiziertes Denkmalamt. Neben der Stadtkonservatorin gehörten dem Amt akademische Fachkräfte, Techniker und Zeichner an. Es bestand eine vollständige Inventarisation, die durch zeichnerische und photographische Archive sowie eine Fachbibliothek ergänzt wurde. Ein vergleichbar ausgestattetes Denkmalamt existierte nur in Lübeck. Städte wie Aachen oder Düsseldorf überließen die Wahrnehmung ihrer denkmalpflegerischen Aufgaben jeweils einem Mitarbeiter des Hochbauamtes, dessen Arbeit in das allgemeine Baudezernat eingegliedert war. Die Stadt Köln stellte aus ihrem Haushalt Ende der 1950er Jahre für die Wiederherstellung und Pflege der kirchlichen und privaten Baudenkmäler so viel finanzielle Mittel zur Verfügung wie der Landschaftsverband Rheinland für das gesamte von ihm betreute Gebiet.[303]

Vor Inkrafttreten der BauO NW galten in den Stadt- und Landkreisen örtliche Baupolizeiverordnungen, die die Voraussetzungen der einzuholenden Baugenehmigung regelten.[304] In Köln galt die Bauordnung für den Stadtkreis Köln

---

301 Siehe hierzu *Borger*, S. 15.

302 *Memmesheimer/ Upmeier*, § 22 Rdnr. 43.

303 Schreiben vom 20. Juni 1960, HAStK, Acc. 73, Nr. 23, Bl. 37 f.

304 Die preußische Einheitsbauordnung von 1919 hatte nicht unmittelbare Gesetzeskraft, sondern bot den Gemeinden lediglich unverbindliche Richtlinien für die Aufstellung

vom 26. Januar 1929[305]. Diese wurde ergänzt durch die Ortssatzung vom 14. Februar 1929 gegen die Verunstaltung des Ortsbildes.[306] Die Kölner Bauordnung schrieb die grundsätzliche baupolizeiliche Genehmigung für Neubauten, bauliche Veränderungen oder sichtbare Bauteile vor. Nach der zitierten Satzung war die Genehmigung bei der Beeinträchtigung denkmalpflegerischer Interessen zu versagen. Der städtische Konservator war nach der Dienstanweisung zu beteiligen, wenn bei schützenswerten Gebäuden Änderungen der baulichen Substanz, Architektur, Ausstattung und Ausschmückung beabsichtigt waren. Das Bauamt war deshalb verpflichtet, den Stadtkonservator zu informieren, bevor das Baugesuch genehmigt wurde.[307] Der Stadtkonservator wiederum war verpflichtet, sich mit dem Provinzialkonservator ins Einvernehmen zu setzen, wenn den geplanten Baumaßnahmen überörtliche Bedeutung zukam. Das war insbesondere bei beabsichtigten Veränderungen an Kirchen oder deren Umgebung der Fall.[308]. Dabei handelte es sich um ein reines Berichtsrecht. Der Stadtkonservator selbst konnte ein Bauvorhaben auch bei einer Beeinträchtigung der Belange des Denkmalschutzes nicht verhindern.

a. Unzulänglichkeiten

Mit Schreiben vom 5. November 1959[309] bemängelte die Stadtkonservatorin den mangelnden Einfluss der stadtkölnischen Denkmalpflege aufgrund der schlechten Abstimmung mit dem Land und dem Landeskonservator.

---

ihrer eigenen Bauordnungen. Der Minister für Wiederaufbau des Landes Nordrhein-Westfalen strebte bereits 1950 an, die Vielzahl der teilweise veralteten Baupolizeiverordnungen der Stadt- und Landkreise durch eine einheitliche Bauordnung zu ersetzen. Er bat daher mit Schreiben vom 5. April 1950 die Regierungspräsidenten, über ihre Erfahrungen mit den örtlichen Bauordnungen zu berichten. Die Stadt Köln wandte sich gegen eine Einheitsbauordnung. Sie vertrat in ihrem Antwortschreiben an den Regierungspräsidenten vom 15. Mai 1950 die Auffassung, die Städtebaulichen Bestimmungen seien Teilgebiet der Stadtplanung und gehörten zu den Selbstverwaltungsaufgaben der Gemeinde. Sie müssten der örtlichen Regelung vorbehalten bleiben.

305 HAStK, Sign. Eg. 109.

306 KStA (Abendausgabe) vom 14. März 1929.

307 Ziff. 2 a) der Dienstanweisung vom 2. August 1913.

308 Bem. zu Ziff 2 d und Ziff. 2 e der Dienstanweisung vom 2. August 1913.

309 HAStK, Acc. 73, Nr. 23, Bl. 23 ff.

Die Stadt Köln fühle sich von den Beratungen über die Wiederherstellung der kirchlichen Baudenkmale weitestgehend ausgeschlossen. Die gemeinsam erarbeiteten Richtlinien für die Wiederherstellung würden in internen Besprechungen über die der Stadtkonservator nicht informiert werde, häufig verlassen oder durch Zusagen präjudiziert. Der Stadtkonservator erfahre hiervon erst nachträglich, obwohl die Richtlinien die Grundlage für die städtische Beihilfegewährung bildeten. Trotz ursprünglicher Abstimmung werde die Stadt vor vollendete Tatsachen gestellt. Wenn die Ergebnisse dann den denkmalpflegerischen Ansprüchen der Stadt Köln nicht genügten, könne die Stadt ihre Beihilfemittel auf Grund der Gesamtfinanzierung nicht zurückziehen, ohne die bereits im Gange befindlichen Wiederherstellungsarbeiten insgesamt zu gefährden. Die Stadt Köln werde daher in die Rolle des zahlenden Partners gedrängt, ohne die Gesichtspunkte der Stadt im entscheidenden Moment einbringen zu können.[310] Bei Projekten in der Umgebung von Baudenkmalen werde gegenüber der Bauaufsicht häufig vorgebracht, der Konservator habe bereits zugestimmt, obwohl die städtische Denkmalpflege von der Planung keine Kenntnis hatte. Tatsächlich wendeten sich die Architekten im Hinblick auf die staatliche Delegierung unmittelbar an den Landeskonservator. Von dort brächten sie in vielen Fällen Zustimmungen mit, die nicht im Interesse der stadtkölnischen Situation lägen und auch die Bauaufsicht vorbelasteten. Die Aufforderung an den Regierungsvertreter, der Landeskonservator möge den Stadtkonservator hinzuziehen, sei mit dem Hinweis zurückgewiesen worden, die Zuständigkeit für Denkmalpflegeangelegenheiten liege allein beim Landeskonservator. Es werde anheim gestellt, Antrag auf Änderung der Zuständigkeit zu stellen.[311] Hinsichtlich der profanen Baudenkmäler habe die Stadt Köln bereits einen Passus in ihre Beihilfebestimmungen aufnehmen müssen, der den Eigentümer veranlasse, den städtischen Konservator zu allen Besprechungen mit anderen Denkmalpflegestellen hinzuzuziehen. Der Landeskonservator erwarte hingegen, dass der Stadtkonservator auf Grund seiner Ortskenntnisse das Beihilfeverfahren zunächst bearbeite, den Vorgang aber dann zur Entscheidung an den Landeskonservator weiterleite. Der Landeskonservator unterrichte die Stadt Köln nicht darüber, ob, in welchem Umfang und wann sie dem Antrag stattgebe. Meist entscheide der Landeskonservator erst zum Jahresende und unterrichte den Eigentümer unmittelbar. Aus Sicht des Bürgers stehe aber die Stadt für

310 Schreiben vom 5. November 1959.
311 Schreiben vom 5. November 1959.

Verzögerungen, Behinderungen oder gar Nichterfüllung des Beihilfewunsches in der Verantwortung.[312]

Die Stadtkonservatorin regte deshalb einen Antrag der Verwaltung an den Kultusminister an, die genannten Aufgaben der Denkmalpflege an die Stadt Köln zu delegieren. Die Vorteile einer solchen Delegierung für die Stadt Köln lägen auf der Hand.

Während der städtische Konservator als Mitglied des Denkmalrates der Rheinprovinz früher in der Lage gewesen sei, die örtlichen Interesse auf Provinzebene wahrzunehmen, bestehe diese Möglichkeit mangels einer entsprechenden Einrichtung im Land Nordrhein-Westfalen nicht mehr. Da die Kirchen als Eigentümer der bedeutendsten Baudenkmäler in Köln nur den Landeskonservator als staatliche Stelle zu konsultieren bräuchten, bestehe für die Stadt Köln keine Mitsprache. Durch eine Delegierung werde der städtische Konservator an Stelle des Landeskonservators Gutachter des Ministeriums. So hätte der Stadtkonservator die Möglichkeit, im Rahmen der Anträge auf Landesbeihilfen im Stadtbezirk Köln zu denkmalpflegerischen Fragen gutachtlich Stellung zu nehmen.[313]

Der städtische Konservator müsse Baugesuche, die Baudenkmale oder ihre Umgebung betreffen, an den Landeskonservator weiterleiten, um sie anschließend mit einer eigenen Stellungnahme an die Bauaufsicht zurückzureichen. Eine Delegierung verhindere nicht nur die Umgehung der städtischen Denkmalpflege, sondern vereinfache auch das Verfahren. Es könne zudem eine unmittelbare Abstimmung mit dem Bauaufsichtsamt erfolgen und schon in der Planungsphase Einfluss genommen werden.[314]

Eine solche Vereinfachung ergäbe sich auch bei der Beihilfegewährung. Identische Beihilfeanträge würden häufig sowohl beim Land als auch bei der Stadt eingereicht. Im Falle der Delegierung könne man sich auf ein einziges Kurzgutachten beschränken, da die Objekte vor Ort bekannt seien und den Antrag

---

[312] Schreiben vom 5. November 1959.
[313] Schreiben vom 5. November 1959.
[314] Schreiben vom 5. November 1959.

dann zur Entscheidung dem Regierungspräsidenten vorlegen. Eine weitere Stellungnahme zu denkmalpflegerischen Fachfragen sei dann entbehrlich.[315]

b. Beschlussentwurf und Diskussion

Die "Beauftragung des städtischen Konservators mit denkmalpflegerischen Aufgaben durch den Kultusminister" war Tagesordnungspunkt 7 der Sitzung des Rates der Stadt Köln vom 24. März 1960.[316] Die schriftliche Erläuterung dieses Tagesordnungspunktes durch den Konservator endete mit dem Beschlussentwurf:

> "Der Rat genehmigt die Übernahme der Landesaufgaben im Bereich der Denkmalpflege für das Kölner Stadtgebiet entsprechend der auf dem Gebiet der Bodendenkmalpflege bestehenden Regelung und beauftragt die Verwaltung, den hierfür erforderlichen Antrag bei der Landesregierung zu stellen."[317].

In der Vorlage erläuterte die Stadtkonservatorin die Position der Denkmalpflege.[318] Der Rat setzte die Angelegenheit jedoch auf Grund eines Antrages der SPD-Fraktion von der Tagesordnung ab.[319] Offenbar war die Angelegenheit auf der politischen Ebene nicht hinreichend vorbereitet worden.

Bereits in Gesprächen am 28. Oktober 1959 mit der Stadtkonservatorin[320] und am 15. Januar 1960 mit dem Kulturdezernenten[321] hatte der im Kultusministerium zuständige Referent empfohlen, die Angelegenheit zunächst in Rat und Verwaltung zu klären. Von dort müsse dann ein Antrag gestellt werden, der im Hinblick auf die Bedeutung der Stadt Köln und die Würdigung ihrer Leistungen

---

315 Schreiben vom 5. November 1959.

316 Beschlussbuch vom 24. März 1960, HAStK, Acc. 73, Nr. 23, Bl. 30 ff., wiedergegeben im Anhang Nr. 12.

317 Beschlussbuch vom 24. März 1960, Bl. 32.

318 Beschlussbuch vom 24. März 1960, Bl. 31 f.

319 Beschlussbuch vom 24. März 1960, Bl. 30.

320 Das Gespräch wird in dem Schreiben vom 5. November 1959 erwähnt.

321 Das Gespräch wird in dem Schreiben vom 15. Januar 1960 erwähnt, HAStK, Acc. 73, Nr. 23, Bl. 28.

für die Denkmalpflege auf ein positives Echo stoßen werde.[322] Auch die Stadtkonservatorin hatte in ihrem Schreiben vom 5. November 1959 "eine Vorklärung der Angelegenheit" empfohlen. Es sei nämlich naturgemäß zu erwarten, dass sich der Direktor des Landschaftsverbandes gegen jede Verminderung des Zuständigkeitsbereichs seines Beamten, in diesem Falle des Landeskonservators, wenden werde.[323] Im Übrigen war auch im Hinblick auf die kirchlichen Denkmäler auch mit Bedenken des Erzbistums gegen die Delegierung der Denkmalpflege auf die Stadt Köln zu rechnen. Der Oberstadtdirektor war in der Folgezeit bemüht, diese Bedenken zu zerstreuen.

Aus einem Schreiben des Erzbischofs von Köln, Kardinal Frings, an den Oberstadtdirektor Max Adenauer vom 28. Mai 1960[324] ergibt sich, dass der Oberstadtdirektor in einem Gespräch mit dem Erzbischof am 11. Mai 1960 die Frage aufgeworfen hat, "ob man versuchen solle, die Aufgaben der Denkmalpflege für die Stadt Köln an den stadtkölnischen Konservator übertragen zu lassen"[325]. In diesem Schreiben erläutere der Erzbischof die Bedenken des Bistums gegen die von der Stadt angestrebte Kompetenzerweiterung. Die kirchliche Denkmalpflege arbeite seit Jahren vertrauensvoll mit dem Landeskonservator zusammen. Man wolle den Landeskonservator durch eine Zustimmung zur Neuregelung nicht verletzen. In der Vergangenheit seien erhebliche staatliche Beihilfen für die vielen denkmalwerten Kölner Kirchen zur Verfügung gestellt worden. Auch in Zukunft sei das Bistum auf staatliche Mittel angewiesen. Es sei fraglich, ob das Land diese Beihilfen noch gewähre, wenn der Landeskonservator ausgeschaltet werde.[326] Wenn der Stadt Köln die gewünschte Sonderstellung in der Denkmalpflege eingeräumt werde, forderten andere große Städte wie Bonn oder Düsseldorf wahrscheinlich das gleiche Recht. Eine solche Entwicklung sei nicht wünschenswert. Zum einen bestehe die Gefahr, dass das Niveau der Denkmalpflege sinke, wenn nicht in allen Fällen eine wirklich qualifizierte Kraft zu Verfügung stehe. Zum anderen werde die kirchliche Denkmalpflege in der Erzdiözese Köln, deren Gebiet eine Reihe größerer Städte umfasse, bedeutend erschwert, wenn jede Stadt ihren eigenen Konservator habe. Letztlich seien die politischen Verhältnisse im Land stabiler als in den Kommunen.

---

[322] Schreiben vom 5. November 1959.
[323] Schreiben vom 5. November 1959.
[324] Schreiben vom 28. Mai 1960, HAStK, Acc. 73, Nr. 23, Bl. 33f.
[325] Schreiben vom 28. Mai 1960.
[326] Schreiben vom 28. Mai 1960.

Deshalb wolle man es lieber mit einem Landeskonservator zu tun haben als mit kommunalen Konservatoren, die leichter einem Wechsel der politischen Verhältnisse zum Opfer fielen.[327] Schließlich sei nicht ausgeschlossen, dass die Rücksichten der kirchlichen Denkmalpflege zum Beispiel mit den Verkehrsinteressen der Städte kollidierten. In einem solchen Fall sei es besser, wenn der zuständige Konservator nicht von der Stadt abhängig sei. Das entspreche auch dem Sinn der staatlichen Denkmalpflege. Das Schreiben schloss:

> "Aus diesen Gründen können wir uns für eine Neuordnung nicht erwärmen und bitten, von diesem Plan Abstand zu nehmen."[328]

In seinem Antwortschreiben vom 20. Juni 1960[329] bemühte sich der Oberstadtdirektor, die Bedenken des Erzbistums auszuräumen. Persönliche Motive wie die Zusammenarbeit mit einem Landeskonservator sollten keine Rolle spielen. Auch bei der Delegierung der Bodendenkmalpflege habe sich angesichts der Überlastung des Bonner Landesmuseums niemand zurückgesetzt gefühlt. Im Übrigen gewähre nicht der Landeskonservator die Beihilfen des Landes, sondern der Kultusminister als delegierende Stelle. Der Landeskonservator nehme in seiner Eigenschaft als staatlich Delegierter lediglich eine begutachtende Prüfung der Beihilfeanträge vor und gebe eine empfehlende Stellungnahme an den Minister. Schon wegen der umfangreichen Inanspruchnahme des Landeskonservators führe die Begutachtung durch einen städtischen Konservator, der zudem mit den örtlichen Verhältnissen besser vertraut sei als eine außenstehende Fachkraft, eher zu einer Intensivierung der kirchlichen Denkmalpflege.[330]

Ein Bezugsfall für andere Städte in Nord-Rheinland könne nicht eintreten, da Köln in dem Reichtum seiner Baudenkmale, der Größe und Qualität seines Denkmalamtes und in der Höhe seiner Beihilfebeträge einen Vergleich mit anderen Städten nicht zulasse. Auch die Herauslösung der Bodendenkmalpflege habe keine Bezugsfälle ausgelöst.

---

[327] Schreiben vom 28. Mai 1960.
[328] Schreiben vom 28. Mai 1960.
[329] Schreiben vom 20. Juni 1960, HAStK, Acc. 73, Nr. 23, Bl. 37 f.
[330] Schreiben vom 20. Juni 1960.

Die Bedenken in politischer Hinsicht seien unbegründet, weil es sich bei einem Stadtkonservator ausschließlich um einen Fachbeamten handele, dessen Delegierung persönlich ausgesprochen werde. Auch der Landeskonservator sei als Beamter des Landschaftsverbandes Kommunalbeamter und nehme die staatlichen Aufgaben nur im Wege der Delegierung wahr. Im Übrigen dürften die Verdienste der Kölner Stadtkonservatoren um die kirchlichen Baudenkmale gerade in schwierigen Zeiten außer Zweifel stehen.[331] In der Vergangenheit habe es keinen Fall gegeben, in dem der Landeskonservator ein Veto gegen die Stadtplanung ausgesprochen oder auch nur eine Änderung erwogen habe. Denn die in Abstimmung mit dem städtischen Konservator erfolgte Planung der Stadt Köln habe in jeder Hinsicht den Interessen der kirchlichen Denkmalpflege entsprochen. Für die Zukunft sei noch einmal auf die Trennung der Aufgaben hingewiesen. Die im Rahmen der Delegierung ausgesprochenen Stellungnahmen des Konservators seien nicht von der Stadt abhängig. Die Stellung sowohl des Landeskonservators als auch gegebenenfalls des städtischen Konservators seien im Rahmen der Delegierung gegenüber der staatlichen Denkmalpflege und der Denkmalschutzbehörde, also gegenüber Kultusminister und Regierungspräsident, gleichgeartet. Es sei deshalb ein Irrtum, anzunehmen, dass der Sinn der staatlichen Denkmalpflege durch eine Delegierung an den städtischen Konservator in irgendeiner Form geändert werde.[332]

Offenbar resultierte die ablehnende Haltung des Erzbistums aus der Befürchtung, nach erfolgter Delegierung übernehme die Stadt Köln in Angelegenheiten der Denkmalpflege die Position des Staates. Mit Schreiben vom 27. Juni 1960[333] an den Stadtdechant stellte der Oberstadtdirektor die Rechtslage dar:

Denkmalschutzbehörden seien ausschließlich der Kultusminister und der Regierungspräsident als Oberste- bzw. Höhere Denkmalschutzbehörde. Diese Behörden seien allein mit Weisungsrechten an nachgeordnete Instanzen ausgestattet. Sie entschieden über die Vergabe der Landesmittel. Die Konservatoren hätten ausschließlich beratende Funktion und keinerlei Weisungsrecht. Im Rahmen

---

331 Schreiben vom 20. Juni 1960.
332 Schreiben vom 20. Juni 1960.
333 Schreiben vom 27. Juni 1960, HAStK, Acc. 73, Nr. 23, Bl. 39.

einer Delegierung durch den Kultusminister seien sie, soweit staatliche Hoheitsbefugnisse berührt werden, Fachgutachter der Denkmalschutzbehörden und zur Beratung befugt und verpflichtet. Die Höhere Denkmalschutzbehörde - der Regierungspräsident - sei insoweit an dieses Gutachten gebunden, als sie im Differenzfalle die Entscheidung des Ministers herbeiführen müsse. Das gleiche Recht und die gleiche Pflicht, eine Entscheidung des Ministers herbeizuführen, stehe naturgemäß im Konfliktfall auch den Konservatoren zu, wenn die Höhere Denkmalschutzbehörde das Gutachten des Konservators nicht berücksichtige. Weisungsbefugnis hätten jedoch, wie bereits ausgeführt, nur die Behörden, also Kultusminister und Regierungspräsident, in keinem Fall der Konservator. Hieran werde sich auch durch die Delegierung eines ortsansässigen Denkmalpflegers nichts ändern. Es werde keine Instanz ausgeschaltet und auch keine weitere hinzugefügt.[334]

c. Behandlung im Hauptausschuss

Der Oberstadtdirektor hatte am 21. Juni 1960 entschieden, dem Hauptausschuss die Übertragung der Aufgaben des Landeskonservators auf den städtischen Konservator zur Beschlussfassung vorzulegen.[335] Der Beschlussentwurf zur Sitzung am 14. Juli 1960 lautete:

> "Der Hauptausschuss empfiehlt dem Rat, die Verwaltung zu beauftragen, einen Antrag beim Kultusministerium zu stellen mit dem Ziel, durch Übernahme der Landesaufgaben im Bereich der Denkmalpflege für das Kölner Stadtgebiet eine Regelung herbeizuführen, die auf dem Gebiet der Bodendenkmalpflege und des Archivwesens bereits seit längerem besteht und sich bewährt hat."[336]

In der Sitzung drängte der Oberstadtdirektor auf eine Entscheidung im Sinne der Beschlussempfehlung, weil die Landesregierung sich bereiterklärt habe, die Beauftragung durchzuführen. Wenn man die Angelegenheit verzögere, bestehe

---

334 Schreiben vom 27. Juni 1960.

335 Verwaltungskonferenz vom 21. Juni 1960, HAStK, Acc. 73, Nr. 23, Bl. 43.

336 Erläuterung vom 24. Juni 1960, HAStK, Acc. 73, Nr. 23, Bl. 44 f.

die Gefahr, dass die Gegner der Regelung stärkeren Einfluss gewännen und die Landesregierung ihre Zustimmung zurückziehe.[337] Die Gegner der Regelung seien lediglich die Architekten. Sie befürchteten die Genauigkeit des Stadtkonservators. Der Landeskonservator in Bonn übersehe bei der räumlichen Entfernung und dem großen Aufgabenbereich schon mal das eine oder andere, was den Architekten ganz angenehm sei.[338] Die kirchliche Seite habe behauptet, sie habe in der dreißiger Jahren ungünstige Erfahrungen mit einem städtischen Konservator gemacht.[339] Tatsächlich habe er, der Oberstadtdirektor, den Eindruck, die Kirche sei von den Architekten beeinflusst. Während einer ersten Unterredung hätten Stadtdechant und Kardinal die Materie nicht sehr beherrscht. Nachher hätte sie die Argumente der Architekten hervorgehoben.[340] Den Hinweis des Oberbürgermeisters auf die Bedenken des Landschaftsverbandes konterte der Oberstadtdirektor. Es sei verständlich, dass der Landeskonservator von seinen Zuständigkeiten nichts abgeben wolle. Die Missstände lägen aber gerade darin, dass der Landeskonservator für das ganze Rheinland zuständig und deshalb nicht in der Lage sei, sich mit den Einzelheiten zu befassen.[341] Der Oberbürgermeister bat schließlich für die SPD-Fraktion, die Angelegenheit zurückzustellen, weil man noch nicht beraten habe.[342]

In einer weiteren Sitzung des Hauptausschusses am 27. September 1960[343] bat die SPD-Fraktion nach einem Referat der Stadtkonservatorin, dessen Inhalt nicht überliefert ist, erneut um Vertagung. In der Niederschrift über die Sitzung des Hauptausschusses am 18. Oktober 1960[344] heißt es unter Tagesordnungspunkt 4 (Beauftragung des städtischen Konservators mit denkmalpflegerischen Aufgaben durch den Kultusminister):

"Die Vorlage wird von der Verwaltung zurückgezogen."[345]

---

337 Sitzungsprotokoll vom 14. Juli 1960, HAStK, Acc. 73, Nr. 23, Bl. 49 ff.
338 Sitzungsprotokoll vom 14. Juli 1960, Bl. 49.
339 Sitzungsprotokoll vom 14. Juli 1960, Bl. 51.
340 Sitzungsprotokoll vom 14. Juli 1960, Bl. 51 a.
341 Sitzungsprotokoll vom 14. Juli 1960, Bl. 51.
342 Sitzungsprotokoll vom 14. Juli 1960, Bl. 51 a.
343 Hauptausschuss-Sitzung vom 27. September 1960, HAStK, Acc. 73, Nr. 23, Bl. 52.
344 Hauptausschuss-Sitzung vom 18. Oktober 1960, HAStK, Acc. 73, Nr. 23, Bl. 53.
345 Hauptausschuss-Sitzung vom 18. Oktober 1960.

Eine Begründung für diesen Sinneswandel ist nicht aktenkundig. Es wird jedoch vermutet, dass die damalige Stadtkonservatorin, die als treibende Kraft der Initiative gilt, intern zum Rückzug bewegt wurde, um das bewährte Verhältnis mit dem Landesdirektor, dem Landeskonservator und dem Bistum nicht zu belasten.[346]

Zusammenfassend: Der Direktor der römisch-fränkischen und römisch-germanischen Abteilung des stadteigenen Wallraf-Richartz-Museums (seit 1946: Römisch-Germanisches Museum) nahm auf Grund staatlicher Delegierung als Vertrauensmann für die Bodenaltertümer bereits seit 1924 die Aufgaben des Landschaftsverbandes im Bereich der Bodendenkmalpflege für das Gebiet der Stadt Köln wahr. Angesichts ihres Denkmalreichtums und der Ausstattung ihres Denkmalamts strebte die Stadt seit Ende der 1950er Jahre eine dementsprechende Regelung für die Baudenkmalpflege an. Sie beabsichtigte, beim Kultusminister zu beantragen, die Aufgaben des Landeskonservators auf den Stadtkonservator zu delegieren. Die städtische Denkmalpflege versprach sich durch Ortsnähe und gestrafften Verwaltungsablauf mehr Einfluss auf die Wiederherstellung der im Krieg zerstörten Kirchen sowie auf Stadtplanung und Baugenehmigungsverfahren.

Während der Kultusminister seine Zustimmung bereits signalisiert hatte, wollte das Erzbistum die Zusammenarbeit mit dem Landeskonservator nicht aufgeben. Man fürchtete die Schaffung eines Präzedenzfalles, der zu Instabilität, Qualitätsverlust und Interessenkollisionen führen könne. Die Stadt Köln wies auf ihre Sonderstellung hin und erläuterte die rechtliche Situation. Der Schutz der Denkmäler durch die Bauaufsicht unterliege dem Weisungsrecht und der Dienstaufsicht des Landes. Der Minister delegiere wie bisher lediglich die fachliche Denkmalpflege, allerdings nicht auf den überlasteten Landeskonservator, sondern für das Stadtgebiet auf den hier spezialisierten Stadtkonservator. Im Konfliktfall entscheide letztlich nach wie vor der Kultusminister.

Nachdem die Beschlussfassung über den Antrag auf Delegierung im Hauptausschuss zweimal vertagt worden war, nahm die Verwaltung die Vorlage zurück. Es wird spekuliert, dass die Stadt Köln ihr Verhältnis zu Landesdirektor, Landeskonservator und Bistum nicht belasten wollte.

---

[346] *Gespräch mit Kier.*

Dritter Teil
Die Kombination von staatlicher und kommunaler Denkmalpflege

Die geschilderten Bestrebungen der Stadt Köln, Aufgaben der Denkmalpflege selbst wahrzunehmen, blieben keine Episode. Wenn auch mit zeitlicher Verzögerung, nämlich mit Beginn der 1970er Jahre, wurde generell eine Kompetenzverlagerung auf die Gemeinden erörtert. Hintergrund dieser Diskussion waren Veränderungen der gesellschaftlichen Situation und der individuellen Sichtweise, die in der Antwort der Landesregierung vom 6. Dezember 1976[347] auf die Große Anfrage Nr. 5 der FDP-Fraktion[348] zum Ausdruck kommen:

> "Die Bemühungen zum Wiederaufbau haben in der Bundesrepublik Deutschland in den vergangenen 30 Jahren zu einer Überbewertung des Modernen geführt. Selbst vom Kriege noch verschonte historisch gewachsene Dorf- und Stadtkerne mußten moderner Stadtplanung weichen und wurden durch technokratisch funktionale Wohnmaschinen ersetzt. Denkmalpflege wurde verstanden als Wiederherstellung und Erneuerung einzelner kunsthistorisch liebgewonnener Objekte, als Pflege kultureller Tradition am Einzelbeispiel. Vor allem das Europäische Jahr des Denkmalschutzes hat durch die Einbeziehung von fünf deutschen Städten in die Modellvorstellung der Restauration ganzer Ortskerne auch weiten Teilen der Bevölkerung klargemacht, daß Denkmalschutz und -pflege sich nicht in der Erhaltung anerkannter kunsthistorisch wertvoller und geschichtsträchtiger Einzelobjekte vergangener Epochen erschöpfen können. Denkmalschutz und -pflege sind in der Vergangenheit weitgehend wenigen Engagierten überlassen, zum Teil auch belächelt worden. Aber menschenleere Geschäftszentren und kahle ´Schlafvororte´ haben in den Menschen wieder den Wunsch nach nachbarlicher Gemeinschaft geweckt. Das Bedürfnis des einzelnen in einer weitgehend anonymen Gesellschaft zum Gespräch, zur Begegnung und zum Meinungsaustausch tritt wieder stärker in den Vordergrund."[349]

---

[347] LT-Drucks. 8/1570

[348] LT-Drucks. 8/640.

[349] Antwort der Landesregierung vom 6. Dezember 1976, LT-Drucks. 8/1570.

Während also die Denkmalpflege in den 1950er und 1960er Jahren eher ein Schattendasein fristete[350], setzte seit Anfang der 1970er Jahre ein Umdenkungsprozess ein, der im Europäischen Denkmalschutzjahr 1975 ein markantes Forum fand.[351] Breite Bevölkerungskreise engagierten sich für den Erhalt ihrer Wohnorte. Das Verständnis der Denkmalpflege wandelte sich vom Einzeldenkmal zur Denkmalzone. Die staatliche Denkmalpflege trat zur Ortsbildpflege als Angelegenheit der örtlichen Gemeinschaft in Konkurrenz.[352] Vor dem Hintergrund des zunehmenden Bürgerengagements und des gewandelten Denkmalverständnisses wurde die Frage diskutiert, ob den Gemeinden im Bereich der Denkmalpflege nicht mehr Kompetenz übertragen werden solle.[353]

A. Impulse durch Kombination

Denkmalpflege ist hoheitliche Staatsaufgabe. Wirksamer Denkmalschutz benötigt wegen des bisweilen erforderlichen Eingriffs in das Privateigentum ein Verwaltungsverfahren, das rechtsstaatlichen Anforderungen entspricht. Deshalb kann Denkmalpflege nicht den Bürgern überlassen bleiben. Zu wirksamer Denkmalpflege bedarf es Unabhängigkeit und Fachkompetenz. Das bestreitet niemand. Gegenstand der Diskussion ist allein die Frage, ob sich die Verlagerung des hoheitlichen Verfahrens vom Staat auf die Ebene der Gemeinden empfiehlt, um der materiellen Denkmalpflege durch abermalige Dezentralisierung neue Impulse zu verleihen. Denn auch der preußische Staat nahm die Aufgaben der Denkmalpflege zunächst zentral war. Als sich diese Organisationsform wegen der Fülle der Aufgaben und der daraus resultierenden Vernachlässigung der weniger spektakulären Denkmäler als unzureichend erwies, delegierte der Kultusminister die Denkmalpflege an die Provinzen. Diese Dezentralisierung war ein Erfolg, weil sie

---

350 Zu den Gründen siehe auch *Kiesow*, Denkmalpflege, S. 38 ff.; *Rommel*, S. 279, schneidet die Frage an, ob die Reaktion auf die Vernachlässigung der Denkmalpflege in den Jahren des Aufbaus und des Ausbaus nach dem Krieg nicht über das Ziel hinausschieße.

351 Zu den Gründen siehe auch *Kiesow*, Denkmalpflege, S. 44 ff.

352 *Hönes*, Die alte Stadt 1979, S. 382.

353 *Hönes*, DöV 1979, S. 286 weist auf den Zusammenhang zwischen dem Interesse der Bevölkerung an Denkmälern und dem Bestreben der Gemeinden nach mehr Zuständigkeit hin.

den Unterschieden in den Kulturlandschaften Rechnung trug, ohne die hoheitlichen Überwachungsmöglichkeiten preiszugeben.

Das Land Nordrhein-Westfalen hatte die staatliche Organisation der Denkmalpflege aus der preußischen Zeit übernommen. Die alleinige Zuständigkeit lag beim Staat, also dem Kultusminister und den nachgeordneten Regierungspräsidenten. Die Gemeinden hatten keine eigenen Eingriffsbefugnisse. Sie konnten allenfalls versuchen, durch informelle Zusammenarbeit mit dem Landeskonservator die Interessen der örtlichen Gemeinschaft einzubringen. War es an der Zeit, der Denkmalpflege durch eine weitere Stufe der Dezentralisierung neue Impulse zu verleihen oder gab man hierdurch bewährte Grundsätze auf und gefährdete die Sache?

I. Vorteile staatlicher Denkmalpflege

Ein Argument mit Verfassungsrang für die staatliche Denkmalpflege gewinnt man aus der Antwort auf die Frage, warum Denkmalpflege hoheitliche Aufgabe ist. Denkmäler sind öffentliches Kulturgut, die auch gegen örtlich und fachlich begrenzten Zeitgeschmack der treuhänderischen Obhut des Staates bedürfen. Der Grund dafür, dass der Denkmalschutz in der Nachfolge von Art. 150 Abs. 2 der Weimarer Reichsverfassung den Ländern zugewiesen ist, liegt darin, dem ganzen Volk die Teilnahme an den Kulturgütern zu ermöglichen. Es handelt sich somit nicht um eigene Aufgaben der Gemeinden, sondern um Aufgaben von überörtlicher Natur.[354] Die oft überregionale Bedeutung von Kulturdenkmälern zeigt ebenfalls, dass es sich bei Fragen der Denkmalpflege nicht allein um eine Angelegenheit der örtlichen Gemeinschaft handelt.[355] Hier sei auf die

---

[354] *Hönes*, DVBl. 1977, S. 755; *Hönes*, Die alte Stadt 1979, S. 378; *Haas-Traeger*, S. 405; *Eberl*, S. 458, der darüber hinaus die Auffassung vertritt, der Gleichbehandlungsanspruch des Denkmaleigentümers aus Art. 3 GG gebiete einen einheitlichen Maßstab, der bei einer Verlagerung auf die Gemeinden nicht gewährleistet sei.

[355] *Hönes*, DöV 1979, S. 289.

Interventionen der UNESCO verwiesen, wenn der Status des Weltkulturerbes durch örtliche Planungen gefährdet wird.[356]

Hiermit ist das Argument der größeren Unabhängigkeit eng verbunden. Denkmalpflege darf nicht von privaten, parteipolitischen oder finanziellen Interessen überlagert werden.[357] Nicht jeder Wahlbeamte hat den Mut, unpopuläre Entscheidungen durchzusetzen.[358] Auch besteht auf kommunaler Ebene eher die Gefahr, etwa aus Rücksichtnahme auf private, parteipolitische oder wirtschaftliche Aspekte sachwidrige Erwägungen in Entscheidungen einfließen zu lassen.[359] Demgegenüber ist eine staatliche Denkmalpflege nicht in die kommunale Hierarchie eingebunden. Sie unterliegt nicht den Weisungen eines Dezernenten oder Bürgermeisters und dürfte von lokalen Besonderheiten eher unbeeinflusst sein.[360] Denkmalpflege darf auch nicht von der jeweiligen finanziellen Ausstattung einer Gemeinde abhängen. Die Intensität der Denkmalpflege hängt wesentlich von den hierzu zur Verfügung stehenden Geldern ab. Es liegt deshalb nahe, dass eine vergleichsweise arme Gemeinde eher geneigt ist, Aufgaben der Denkmalpflege zu vernachlässigen. Eine überörtliche staatliche Denkmalpflege ist in der Lage, die unterschiedliche Wirtschaftskraft einzelner Gemeinden zu nivellieren und damit gerade in wirtschaftlich schwachen Regionen denkmalfreundlich zu wirken.

Es genügen nicht der gute Wille zur Unabhängigkeit und die Fähigkeit, diesen durchzusetzen. Denkmalpflege erfordert vielmehr auch fachliche Kompetenz, die solche Unabhängigkeit erst ermöglicht. Ein wirksamer Denkmalschutz setzt zuerst voraus, dass die Denkmaleigenschaft überhaupt erkannt wird. Denkmaleigenschaft und Denkmalqualität sind objektive Begriffe. Sie stehen

---

356 *Hönes*, Die alte Stadt 1979, S. 378, führt an, dass die deutsche Kommission der UNESCO an den Heidelberger Oberbürgermeister appellieren musste, weitere substanzschädigende Eingriffe in die historisch gewachsene Stadt und das Stadtbild zu unterlassen. Die Hochhaus-Bebauungspläne der Stadt Köln für das rechtsrheinische Deutz führten dazu, dass die UNESCO den Status des Kölner Doms als Weltkulturerbe in Frage stellte. Die Pläne für den Bau einer Brücke in Dresden gefährden den Status des Dresdner Elbtales als Weltkulturerbe.

357 *Hönes*, Die alte Stadt 1979, S. 381.

358 *Hönes*, Die alte Stadt 1979, S. 387.

359 *Kiesow*, S. 107 f.; *Eberl*, S. 459 und dort Fn. 31.

360 *Kiesow*, S. 107.

nicht zur Disposition einer - dazu bisweilen instabilen - örtlichen Vertretung.[361] Auch Denkmäler, die derzeit in der Kommune niemand haben will, bedürfen des Schutzes. Der hierzu erforderliche Überblick fachkompetenter Spezialisten ist nicht in jeder Gemeinde gewährleistet, zumal die örtlichen Interessen und damit die politischen Mehrheiten häufiger wechseln als auf der eher ausgleichenden staatlichen Ebene.[362]

Es geht aber nicht nur um die Fachkompetenz einzelner Personen, denn Denkmalpflege ist eine interdisziplinäre Wissenschaft. Denkmalpflege beschränkt sich nicht auf den Schutz von Baudenkmälern. Vielmehr gehört hierzu die wissenschaftliche Erforschung von Kulturdenkmäler aller Kategorien. Die Ergebnisse müssen der Öffentlichkeit zum Zwecke der Bildung präsentiert werden. Eine solche wissenschaftliche Arbeit kann eine Gemeinde in der Regel nicht leisten.[363] Die Koordination verschiedener Disziplinen und ein hoher Ausrüstungsstandard lassen sich eher durch Konzentration in einer Denkmalfachbehörde erreichen. Eine solche Bündelung dient der Qualität der Denkmalpflege Das setzt aber voraus, dass die Zuständigkeit beim Staat liegt und nicht auf Gemeinden verteilt wird.[364]

II. Vorteile kommunaler Denkmalpflege

Anfang der 1970er Jahre erwachte in breiten Bevölkerungskreisen das Interesse für die Erhaltung historischer Ortsbilder. Es handelte sich auch um eine Reaktion auf das Ergebnis einer Stadtplanung, die denkmalpflegerische Aspekte, namentlich die Erhaltung des historischen Erbes und ihre Bedeutung für eine menschengerechte Umwelt, vernachlässigt hatte.[365] Viele Bürger fühlten sich in Trabantenstädten isoliert und sahen ihre Heimat angesichts großflächiger Abbrüche

---

361 *Hönes*, DöV 1979, S. 288.

362 *Hönes*, DöV 1979, S. 288 formuliert einprägsam: "Es kann und darf wechselnden Mehrheitsverhältnissen nicht überlassen bleiben zu entscheiden, ob ein Denkmal romanisch oder gotisch ist."; *Hönes*, Die alte Stadt 1979, S. 387: "Es kann aber nicht angestrebt werden, eine Frage der archäologischen Denkmalpflege zu einer Frage der örtlichen Gemeinschaft zu machen. Der Dorfbürgermeister als Dorfarchäologe?"

363 *Hönes*, DöV 1979, S. 289.

364 *Hönes*, DöV 1979, S. 289; *Kiesow*, S. 107; *Hönes*, Die alte Stadt 1979, S. 383 f.

365 Siehe hierzu *Oebbecke*, Die Aufgaben der Gemeinden, S. 384.

und Sanierungen schwinden.[366] Unter Formeln wie "Haus für Haus stirbt Dein Zuhause" oder "Eine Zukunft für unsere Vergangenheit"[367] formierten sich gerade auf lokaler Ebene Bürgerbewegungen. Es verwundert daher nicht, dass die Stärkung des Denkmalbewusstseins der Bevölkerung als wesentliches Argument für die kommunale Denkmalpflege nicht nur von exponierten Vertretern der Gemeinden angeführt wurde.[368] Denn auf Grund seiner spezifischen Ortskenntnisse und seiner Identifikation mit der Heimat engagiert sich der Bürger für "sein Denkmal" in der Gemeinde, in seinem Heimatort.

Durch ein breites Bürgerengagement wird gerade auch in kleineren Gemeinden Einfluss und Kontrolle auf das örtliche Parlament und die kommunalen Spitzenbeamten ausgeübt. Entscheidungen gegen den artikulierten Willen der Bevölkerung gefährden künftige Wahlerfolge. Politische Führung, die unter Beobachtung steht, wird darüber hinaus bemüht sein, den Eindruck sachfremder Erwägungen erst gar nicht aufkommen zu lassen. Der intensivere Dialog in der örtlichen Gemeinschaft kann zu einer sozialen Selbstkontrolle führen, die den Kontrollmechanismen in einer größeren und damit anonymeren Verwaltungseinheit sogar überlegen ist und damit sachfremden Abhängigkeiten entgegenwirkt.

Gegen die Zuständigkeit der Gemeinden für die Denkmalpflege wird vorgebracht, man verzichte auf die Bündelung des Sachverstandes und sei deshalb nicht in der Lage, die Feststellung der Denkmaleigenschaft zuverlässig zu treffen. Selbst die Befürworter einer Verlagerung der Denkmalpflege auf die Ebene der Gemeinden konzedieren durchaus das Erfordernis fachlicher Beratung, insbesondere der kleineren Gemeinden.[369]. Allerdings ändere dies nichts daran, dass die Feststellung der Denkmaleigenschaft eine Angelegenheit der örtlichen Gemeinschaft sei. Die kommunale Volksvertretung sei nicht zweitklassig, sondern gewährleiste die berechtigte Forderung der Bürger nach Mitwirkung .Je höher eine Behörde in der Hierarchie angesiedelt sei, desto weiter sei sie vom Volk entfernt. Im Übrigen drohe bei staatlicher Organisation die Gefahr, dass der Denkmalschutz

---

[366] Siehe hierzu: *Borchers*, S. 237 ff.; zur soziologischen Sicht: *Mitscherlich* S. 9 ff.

[367] Zitiert bei *Oebbecke*, Die Aufgaben der Gemeinden, S. 384.

[368] Siehe hierzu den Aufsatz des damaligen Stuttgarter Oberbürgermeister und Präsidenten des Deutschen Städtetages *Rommel,* S. 279 ff.; aber auch *Kiesow*, S. 108, der zu den Kritikern einer Verlagerung der Denkmalpflege auf die kommunale Ebene gehört.

[369] Wie etwa *Rommel S.* 279 f.

gegenüber anderen Belangen der Stadtentwicklung ein unberechtigtes politisches und administratives Übergewicht erlange.[370] Für diese Auffassung spricht auch die Berücksichtigung der weniger spektakulären Denkmäler, die überörtlich kaum bekannt sind. Dies trägt zu einer Denkmälervielfalt bei, die einer sonst drohenden Nivellierungstendenz entgegenwirkt.

Ziel des Denkmalschutzes ist insbesondere bei Ensembles nicht die museale Erhaltung von Baubestand, sondern eine funktionsgerechte Nutzungszuweisung. Das gilt in besonderem Maße für Ensembles. Gaentzsch weist deshalb auf das Erfordernis hin, erhaltenswerte Ensembles durch angemessene Nutzung in ein Stadtentwicklungskonzept zu integrieren, um der Gefahr zu begegnen, in einer sich ständig erneuernden Stadt künstlich Sanierungsgebiete schaffen[371]. Da die Entscheidung über die Nutzung von der Gemeinde als Trägerin der städtebaulichen Planung getroffen wird, die im Übrigen im Rahmen der Gesamtplanung durch den Dialog mit dem Bürger einen Interessenausgleich herbeiführen könne, sei eine Gemeinde im Ergebnis eher als eine staatliche Denkmalschutzbehörde in der Lage, die Grundlagen für die erhaltende Erneuerung historischer Stadtbereiche zu schaffen.[372]

Einige Vertreter der Gemeinden sind der Auffassung, die örtlichen Gemeinschaften seien nicht nur besser geeignet, Aufgaben des Denkmalschutzes wahrzunehmen. Vielmehr sei die Verlagerung der Denkmalpflege auf die gemeindliche Ebene schon aus rechtlichen Gründen geboten.[373] Es bestehe kein Zweifel, dass die städtebauliche Bauleitplanung zu den "Urrechten"[374] der kommunalen Selbstverwaltung gehöre. Zur Städteplanung gehöre auch die Festlegung, ob ein Bauwerk oder der Zusammenhang mehrerer Bauwerke Kulturdenkmäler darstellten. Wenn hierüber aber statt der in erster Linie berührten Bürger die Landesregierung entscheide, stelle dies einen Eingriff in die Angelegenheit der örtlichen Gemeinschaft dar, der die Selbstverwaltungsgarantie

370 *Rommel*, S. 279 f.
371 *Gaentzsch*, S. 486 f.
372 *Gaentzsch*, S. 486 f.
373 *Rommel*, S. 279 f.
374 Diesem von *Rommel*, S. 279, verwendeten Begriff hält *Hönes*, Die alte Stadt, S. 381, Fn. 28 und S. 382, entgegen, ein solches Urrecht der Gemeinde gebe es nicht; es sei mit der Genesis und Struktur des modernen Staates nicht vereinbar.

des Grundgesetzes verletze.[375] Mit der Einbeziehung des Ensembleschutzes rücke die Denkmalpflege in den Aufgabenbereich der Gemeinden. Das Bundesbaugesetz habe die Ordnung der städtebaulichen Entwicklung und die Entscheidung über die Nutzung von Grundstücken den Gemeinden als gewichtige und prägende Selbstverwaltungsaufgabe zugewiesen. Eine in diesen Kernbereich eingreifende landesgesetzliche Regelung sei mindestens wegen Verletzung von Bundesrecht nach Art. 31 GG nichtig[376], wenn nicht sogar wegen Verletzung der Selbstverwaltungsgarantie verfassungswidrig.[377] Auch die Befürworter einer staatlichen Denkmalpflege konzedieren, dass die Ausweitung des Denkmalbegriffes auf Denkmalzonen (Ensembles) zu einer staatlichen Ortsbildpflege führen könne. Sie sehen aber den Kernbereich der Selbstverwaltung nicht betroffen, weil Art. 28 Abs. 2 GG den Gemeinden das Recht zur Selbstverwaltung nur "im Rahmen der Gesetze" einräume.[378] Dem Gegenstand nach falle der Flächennutzungsplan, der Bebauungsplan und die Sicherung der Bauleitplanung in den Schutzbereich der gemeindlichen Planungshoheit. Die Aufgaben nach dem Bauordnungsrecht seien dagegen übertragene staatliche Aufgaben.[379]

Ein Argument für die Verlagerung der Denkmalpflege auf die Gemeinden ist die auf mehrere Schultern verteilte und damit erhöhte Verwaltungskraft. Zum Verständnis dieses Argumentes muss der Verwaltungsaufwand im Denkmalschutzverfahren erläutert werden. Die Frage, ob ein öffentliches Interesse an der Erhaltung eines Objekts besteht, es sich also um ein Denkmal handelt, verlangt Fachkenntnis. Grundsätzlich gibt es zwei Möglichkeiten, diese Feststellung

---

[375] *Rommel*, S. 279 f.

[376] *Hönes*, DVBl. 1977, 754 f. hält dem am Beispiel des kommunalrechtlichen Genehmigungsvorbehalts entgegen, der Denkmalschutz falle in den Bereich der Länder. Der Staat wolle keine örtlichen, sondern eigene Interessen durchsetzen. Absicht des kommunalrechtlichen Genehmigungsvorbehalts sei die Verpflichtung der Gemeinden, Sachen von Kunstwert - wozu auch Baudenkmäler gehörten - zu erhalten. Es verstoße deshalb nicht gegen Bundesrecht, wenn der Staat auf die Erhaltung eines Kulturdenkmals in der Gemeinde Einfluss nehme (unter Hinweis auf den Beschluss des Bundesverwaltungsgerichts vom 22.01.1971, DVBl. 1971, 213).

[377] *Gaentzsch*, S. 489.

[378] *Eberl*, S. 458; nach *Haas-Traeger*, S. 405 ff., wird die gemeindliche Planungshoheit erst in erheblichem Maße beeinträchtigt, wenn der Altstadtkern einer sehr kleinen Gemeinde oder ein ganzes Stadtgebiet unter die Vorschriften des Denkmalschutzes fällt.

[379] *Hönes*, DöV 1979, S. 287; *Hönes*, Die alte Stadt 1979, S. 383.

zu treffen, nämlich durch gesetzliche Definition (nachrichtliches System) oder durch Verwaltungsverfahren (konstitutives System).[380]

Das nachrichtliche System ist von der Idee getragen, die Denkmaleigenschaft nach rein wissenschaftlichen und von praktischen Erkenntnissen unbeeinflusst zu bestimmen.[381] Treffen die Voraussetzungen der so gewonnenen Gesetzesdefinition zu, handelt es sich kraft Gesetzes um ein Denkmal, ohne das dies im Rahmen eines Verwaltungsverfahrens noch zu prüfen wäre. Die Eintragung der Denkmäler in eine Liste erfolgt nur nachrichtlich. Sie hat also keine konstitutive Bedeutung, sondern dient als Informations- und Orientierungsquelle.[382] Ein justitiables Verwaltungsverfahren schließt sich erst an, wenn der Bürger einen Bauantrag stellt, der auf Änderung oder Beseitigung eines - denkmalwerten - Objektes gerichtet ist.

Bei dem konstitutiven Listensystem[383] erfolgt die Unterschutzstellung durch Verwaltungsakt, an dessen Ende die Eintragung des Objektes in die Denkmalliste steht. Diese Eintragung begründet erst die Denkmaleigenschaft, ist also konstitutiv. Das konstitutive System hat den Vorteil der Rechtssicherheit für sich.[384] Der Eigentümer wird darüber hinaus in einem frühen Stadium auch mit dem Ziel des Interessenausgleichs beteiligt und braucht nicht aufgrund eigener Subsumtion zu prüfen, ob sein Objekt unter Schutz steht. Die aus den genannten Gründen vorzugswürdige Unterschutzstellung durch Verwaltungsakt erfordert wegen des intensiven Verwaltungsverfahrens einen Aufwand, der wohl nur durch dezentrale Verwaltungszuständigkeit zu bewältigen ist.[385] Das spricht für eine Verlagerung auf die Ebene der Gemeinden. Darüber hinaus erleichtern aber auch

---

380 Siehe hierzu *Oebbecke/Diemert*, S. 401; *Jerrentrup*, S. 98 f.; *Hönes*, Die alte Stadt, S. 379 f.; *Eberl*, S. 457.

381. Siehe hierzu *Oebbecke/Diemert* S. 401.

382 *Hönes*, Die alte Stadt, S. 379; *Haas-Traeger*, S. 403.

383 Nach dem französischen Vorbild auch "classement" genannt. Siehe hierzu *Haas-Traeger*, S. 403 und - zum Rechtsvergleich - *Oebbecke/Diemert*, S. 397 ff.

384 *Haas-Traeger*, S. 403; zur Diskussion über die Zweckmäßigkeit dieses Verfahrens siehe *Oebbecke/Diemert* S. 401; *Rommel*, S. 280, meint, das Rechtsstaatsprinzip erfordere ein verwaltungsrechtliches Verfahren vor der Eintragung; *Gaentzsch*, S. 485, F. 9 hält das Abstellen auf einen generalklauselartigen Denkmalbegriff (unbestimmten Rechtsbegriff) angesichts der Pflichten und Beschränkungen des Eigentümers nicht für unbedenklich.

385 *Oebbecke/Diemert* S. 401.

die kürzeren Verwaltungswege eine Abstimmung zwischen den Beteiligten und die Anhörung des Bürgers.

Zusammenfassend: Denkmalschutz ist hoheitliche Staatsaufgabe, die der preußische Staat zunächst zentral wahrnahm, später aber wegen der Aufgabenfülle und der landschaftlichen Besonderheiten - erfolgreich - auf die Provinzen delegierte.

Das Land Nordrhein-Westfalen übernahm die zentrale Organisation. Es trug den landschaftlichen Besonderheiten Rechnung, indem es die fachliche Beratung den bei den Landschaftsverbänden angestellten Landeskonservatoren, die zugleich staatliche Delegierte waren, überließ. Der Einfluss der Gemeinden beschränkte sich auf eine informelle Zusammenarbeit mit dem Landeskonservator.

Seit Anfang der 1970er Jahre setzte nach Jahren der Vernachlässigung infolge des Wiederaufbaus vor dem Hintergrund gesellschaftlicher und wirtschaftlicher Umwälzungen ein Umdenkungsprozess ein, der im Europäischen Denkmalschutzjahr 1975 einen Höhepunkt fand. Durch das Engagement breiter Bevölkerungsschichten für ihre Wohnorte wurde eine Diskussion ausgelöst, ob eine generelle Verlagerung der Zuständigkeit für die Denkmalpflege auf die Gemeindeebene der gewandelten Einstellung nicht eher gerecht werde.

Die Gegner einen solchen Regelung vertraten die Auffassung, Denkmalschutz sei überörtliche Staatsaufgabe und nicht Angelegenheit der örtlichen Gemeinschaft. Den Gemeinden fehle es an der notwendigen persönlichen, parteipolitischen und finanziellen Unabhängigkeit, den Zugang zu dem öffentlichen Kulturgut Denkmal stabil zu gewährleisten. Ferner mangele an der fachlichen Kompetenz, Denkmalqualität überhaupt zu erkennen. Das interdisziplinäre Spektrum der Denkmalpflege könne nur durch zentrale Bündelung von Fachkompetenz abgedeckt werden.

Die Befürworter einer weiteren Dezentralisierung der Denkmalpflege wiesen hingegen darauf hin, dass erst das Engagement der Bürger in den Städten zu einem neuen Denkmalbewusstsein geführt habe. Bürgerengagement sei der wirksamste Schutz vor sachwidrigen Entscheidungen. Der Bürger könne wegen seiner Nähe am besten beurteilen, welchen Bauwerken in der Gemeinde historischer

Wert zukomme. Im Übrigen gehe es insbesondere bei historischen Ortskernen nicht um museale Erhaltung , sondern um funktionsgerechte Nutzung im Rahmen eines städtebaulichen Gesamtkonzepts der Gemeinde. Angesichts des gewandelten Denkmalbegriffs vom Einzelobjekt zum Ortsbild gebiete die Selbstverwaltungsgarantie des Grundgesetzes geradezu die Verlagerung der Denkmalpflege auf die Gemeinden. Ferner verfüge nur die Gesamtheit der Gemeinden über die Verwaltungskraft, die erforderlich sei, um die Unterschutzstellung von Denkmälern in einem rechtsstaatlich gebotenen Verwaltungsverfahren durchzuführen. Letztlich erleichterten die kürzeren Verwaltungswege in einer Kommune die Abstimmung zwischen den Beteiligten und die Anhörung des Bürgers.

B. Das Denkmalschutzgesetz Nordrhein-Westfalen

Im Zuge des geschilderten Umdenkungsprozesses erließen die Bundesländer[386] zwischen 1971 und 1978 Denkmalschutzgesetze.[387] Als letztes Bundesland verkündete Nordrhein-Westfalen am 11. März 1980 sein Gesetz zum Schutz und zur Pflege der Denkmäler, das am 1.Juli 1980 in Kraft trat. Hierbei trug die Diskussion um die Verlagerung von Zuständigkeiten auf die Kommunen Früchte.[388] Bundesweit einmalig stattete das Land die Gemeinden mit umfassender Entscheidungskompetenz aus. Dabei kommt einer Differenzierung zwischen Denkmalschutz und Denkmalpflege wesentliche Bedeutung zu. Waren diese Begriffe bislang entweder synonym[389] oder Denkmalpflege als Oberbegriff[390] verwendet worden[391], nimmt das Gesetz jetzt bereits in seiner Überschrift eine für

---

386 Mit Ausnahme des Landes Schleswig-Holstein, das bereits über das Denkmalschutzgesetz vom 07.07.1958 verfügte.

387 Baden-Württemberg vom 25.05.1971, Bayern 25.06.1973, Berlin 22.12.1977, Bremen 27.02.1975, Hamburg 03.12.1973, Hessen 23. 09. 1974, Niedersachsen 30.05.1978, Rheinland-Pfalz 23.03.1978, Saarland 12.10.1977.

388 *Oebbecke*, Die Aufgaben der Gemeinden, S. 384.

389 Siehe hierzu *Martin/Krautzberger*, S. 80.

390 *Oberhansberg*, S. 51 f., hingegen verwendet Denkmalschutz im weiteren Sinne als Oberbegriff, der Denkmalschutz im engeren Sinne und Denkmalpflege in sich aufnimmt.

391 *Haas-Traeger*, S. 402, meint, dass zwar beide Begriffe nicht synonym, wohl aber zwei Seiten derselben Medaille seien; keiner der Begriffe umfasse als Oberbegriff den anderen.

die organisatorischen und materiellen Regelungen grundlegende Differenzierung vor, die eine gleichbedeutende Verwendung mit beliebigem Oberbegriff nicht mehr zulässt.[392]

Denkmalschutz ist der ordnende Rahmen.[393] Ihm obliegt die hoheitliche Aufgabe und Verantwortung. Unter dem Begriff Denkmalschutz sind alle Maßnahmen zu verstehen, die der Sicherung des Denkmals dienen und gegen den Willen des Eigentümers mit Verwaltungsakt durchgesetzt werden können.[394] Hierzu gehören die Unterschutzstellung, die Instandsetzung und die Veränderung eines Denkmals, also der Vollzug des Denkmalschutzgesetzes.[395] Kurzum: Denkmalschutz umfasst die mit Zwang durchsetzbaren Gebote und Verbote einer Behörde.[396]

Denkmalpflege hingegen ist die bewahrende Tätigkeit.[397] Unter dem Begriff der Denkmalpflege sind ausschließlich schlicht hoheitliche oder fiskalische Maßnahmen und Handlungen zu verstehen.[398] Der Denkmalpflege obliegt die fachliche Beratung und Fürsorge für den hoheitlichen Denkmalschutz. Sie umfasst die betreuende, beratende, fördernde und forschende Tätigkeit der Denkmalbehörden.[399] Doch zunächst zur

I. Entstehungsgeschichte

Am 9. Februar 1976 brachte die Fraktion der CDU im nordrhein-westfälischen Landtag den Antrag ein, die Landesregierung möge dem Landtag alsbald den Entwurf eines Denkmalschutzgesetzes vorlegen.[400] Die Begründung dieses Antrags spiegelte den Umdenkungsprozess wider: In Nordrhein-Westfalen

---

392 *Oebbecke*, Die Aufgaben der Gemeinden, S. 385.
393 *Bericht Denkmalkommission*, S 4.
394 *Rothe*, § 1 Rdnr. 3.
395 *Martin/Krautzberger*, S. 80.
396 *Oebbecke*, Die Aufgaben der Gemeinden, S. 385, *Oberhansberg*, S. 52.
397 *Bericht Denkmalkommission*, S 4.
398 *Rothe* § 1 Rdnr. 4.
399 *Oebbecke*, Die Aufgaben der Gemeinden, S. 385, *Martin/Krautzberger*, S. 80; *Oberhansberg* S. 52.
400 LT-Drucks. 8/635.

fielen immer wieder denkmalwerte Bauten der Stadtplanung zum Opfer. Intakte Stadtkerne müssten den teilweise überzogenen Forderungen des Verkehrs weichen. Fachwerkhäuser historischer Innenstädte würden für monotone Betonbauten geopfert. Aus geschlossenen Wohnvierteln des 19. und frühen 20. Jahrhunderts werde ein Altbau nach dem anderen herausgebrochen, um an seine Stelle Wohn- und Appartementsilos zu setzen. Wenn dem verhängnisvollen Kreislauf aus knapper werdenden Grundstücken und Verdrängung wertvoller Bausubstanz nicht in Kürze Einhalt geboten werde, seien die Städte schon in wenigen Jahren durch Maßlosigkeit und Monotonie des Bauens verschandelt. Dies betreffe nicht allein Städte und Dörfer; ganze Kultur- und Stadtlandschaften seien auf diese Weise bereits weitgehend in ihrem Charakter verändert und in vielen Fällen in ihrer Funktion gestört.[401] Ziel eines Denkmalschutzgesetzes müsse sein, Baudenkmale und Denkmalgruppen (Ensembles) in ihrer natürlichen Umgebung zu erhalten. Es müssten Wege gefunden werden, diesen kostbaren Besitz in das Leben der Menschen einzubeziehen und das Konzept der "menschlichen Stadt"[402] zu verwirklichen.[403] Die Begründung endete mit der Feststellung: "Mehr denn je tut Denkmalpflege not."[404]

Der Antrag enthielt zugleich einen Vorschlag, mit welchen gesetzlichen Regelungen das beschriebene Ziel erreicht werden sollte.

Das Gesetz müsse alle erhaltenswerte Denkmale erfassen, die wegen ihrer geschichtlichen, künstlerischen, städtebaulichen, wissenschaftlichen oder volkskundlichen Bedeutung für die Allgemeinheit von Interesse seien. Dazu gehörten Bau- und Kunstdenkmale als Einzelobjekte oder Baugruppen (Ensembles) mit ihrer Umgebung, technische Denkmale, Bodendenkmale und Kulturdenkmale.[405] Das Gesetz sollte also dem weiten Denkmalbegriff folgen.

Das Gesetz müsse eindeutige Kriterien und Qualitätsmerkmale zur Feststellung der Denkmaleigenschaft festlegen. Die Denkmale seien entsprechend

---

401 LT-Drucks. 8/635, S. 3.
402 Siehe hierzu grundlegend: *Mitscherlich.*
403 LT-Drucks. 8/635, S. 3.
404 LT-Drucks. 8/635, S. 3.
405 LT-Drucks. 8/635, S. 1.

ihrem Rang in einem Denkmalbuch zu verzeichnen.[406] Damit schwebte dem Entwurf offenbar das nachrichtliche Listensystem vor. Die Denkmaleigenschaft sollte nach rein wissenschaftlichen Erkenntnissen durch Gesetz definiert werden, ohne dass es eines Verwaltungsverfahrens bedurfte.

Für den Schutz der Denkmale müsse das Gesetz eine Abgrenzung zwischen dem öffentlichen Interesse und dem Einzelinteresse vornehmen. Der Denkmaleigentümer sei zu verpflichten, jede in die Substanz eingreifende Veränderung den Baubehörden anzuzeigen. Die Baubehörden wiederum müssten die "Denkmalsicherungsbehörde" unverzüglich informieren.[407]

Durch Maßnahmen der Denkmalpflege solle die Erhaltung und Wiederherstellung des Denkmals, die wissenschaftliche Betreuung, eine möglichst lebensnahe Nutzung sowie der weitgehenden Zugang für die Öffentlichkeit sichergestellt werden.[408]

Hinsichtlich der Zuständigkeiten müsse klargestellt werden, dass die staatlichen Behörden für den Denkmalschutz und die Denkmalsicherung zuständig seien, während die Zuständigkeit für die Erhaltung und Pflege der Denkmale bei den kommunalen Stellen in Gemeinden, Kreisen und Landschaftsverbänden (Denkmalämter) liege.[409]

In der Antwort der Landesregierung vom 3. Dezember 1976[410] werden die Konturen einer gesetzlichen Regelung schärfer:

Objekte, Ensembles und Bodenurkunden seien denkmalwert und erhaltenswert, wenn sie in vergangener Zeit von Menschen geschaffen, von geschichtlicher, künstlerischer, städtebaulicher und/oder wissenschaftlicher Bedeutung seien. Künstlerisch wertvolle und/oder historisch-wissenschaftlich bedeutsame Substanz habe keine Priorität. Andererseits sei ein Objekt, das nur den "Zeitgeist" verdeutliche, nicht schon deshalb erhaltenswert. Die abschließende

---

[406] LT-Drucks. 8/635, S. 1.
[407] LT-Drucks. 8/635, S. 2.
[408] LT-Drucks. 8/635, S. 2.
[409] LT-Drucks. 8/635, S. 2.
[410] LT-Drucks. 8/1570

Beurteilung bei einem möglichen Konflikt zwischen Kommunal- und Staatsverwaltung komme dem Staat zu, da er dem überörtlichen Interesse verpflichtet sei.[411]

Die Denkmäler seien in einer Liste zu erfassen, die neben Lage und Bezeichnung des Objekts auch dessen Kurzbeschreibung, Datierung, Urheber, Material, Zustand, Nutzung, Eigentümer und Abbildung enthalten müsse. Bei der Auflistung seien Sachverständige verschiedener Disziplinen heranzuziehen. Den Rahmen für die denkmalpflegerische Tätigkeit bilde aber die staatliche Definition der Denkmaleigenschaft. Auf Weisung der Regierung seien zunächst auch umstrittene Objekte zu erfassen. Eine Erfassung durch die Gemeinden sei abzulehnen. Um ein unerwünschtes Überwiegen von Ortsinteressen zu verhindern und einen einheitlichen Maßstab zu gewährleisten, müsse die Erfassung Fachleuten vorbehalten bleiben, die auf Ortsebene in aller Regel fehlten. Eine Überführung der so erstellten Liste in ein "Denkmalbuch" oder eine "Denkmalrolle" sei aus Gründen der Rechtssicherheit unerlässlich. Dies setze aber eine neue Bewertung voraus.[412] Wirksamer Denkmalschutz erfordere gesetzliche Eingriffsbefugnisse. Grundstücke und Gebäude müssten auch gegen den Willen des Eigentümers betreten werden können. Dies sei bei Wohnräumen wegen des Schutzes aus Art. 13 Abs. 3 GG allerdings nur zur Verhütung dringender Gefahren für die öffentliche Sicherheit und Ordnung zulässig.

Bei Veränderungen an einem Baudenkmal müsse, soweit eine Genehmigungs- und Anzeigepflicht nach der Landesbauordnung nicht bestehe, durch Gesetz eine besondere Anzeigepflicht und hiermit korrespondierend eine besondere Erlaubnis eingeführt werden. Die Unterhaltungspflicht über den sicherungsrechtlichen Bereich hinaus könne wegen der Eigentumsgarantie des Grundgesetzes nur unter gleichzeitiger Regelung der Entschädigung gesetzlich bestimmt werden. Letztlich bedürfe auch eine etwa einzuführende Auskunftspflicht des Eigentümers wegen der damit verbundenen Belastung einer gesetzlichen Ermächtigungsgrundlage.[413]

---

411 LT-Drucks. 8/1570, S. 3 f.
412 LT-Drucks. 8/1570, S. 5 ff.
413 LT-Drucks. 8/1570, S. 9 ff.

Obwohl die Regierung der Auffassung war, den Gemeinden fehle es in der Regel an der zur Erfassung von Denkmäler erforderlichen Fachkompetenz, hielt sie es für denkbar, Kreisen und kreisfreien Städten den Vollzug von Denkmalschutzbestimmungen gesetzlich zu übertragen.[414] Dabei solle wegen des Sachzusammenhangs geprüft werden, ob die untere Denkmalschutzbehörde bei den unteren Bauaufsichtsbehörden angesiedelt werden könne.[415] Ein eigenständiges Landesamt für Denkmalschutz als Fachbehörde brauche nicht gebildet zu werden. Die Zuständigkeit auf dem Gebiet der Denkmalpflege solle bei den Landschaftsverbänden verbleiben.[416]

Am 16. Mai 1979 beschloss den Landtag, den Gesetzentwurf[417] an den Ausschuss für Schule und Kultur (federführend), den Ausschuss für Kommunalpolitik, Wohnungs- und Städtebau sowie den Ausschuss für Landesplanung und Verwaltungsreform zur Beratung und Berichterstattung zu überweisen.[418] Der federführende Ausschuss hat den Gesetzentwurf nach mehreren Beratungen in seiner Sitzung am 13. Februar 1980 in der Fassung der Beschlüsse des Ausschusses angenommen.[419] Im Gegensatz zu dem Entwurf wurde im Zuge der Beratungen Kompetenz auf die Gemeinden verlagert:[420]

Der Entwurf sah in § 3 vor, Baudenkmäler und ortsfeste Bodendenkmäler nur nachrichtlich, also ohne Verwaltungsverfahren in die Denkmalliste aufzunehmen. Nach § 3 Abs. 2 waren die betroffenen Eigentümer über die Eintragung lediglich zu unterrichten. Demgegenüber beschloss der Ausschuss das konstitutive Listensystem. Danach unterliegen die Denkmäler mit der Eintragung in die Denkmalliste den Vorschriften des Denkmalschutzgesetzes.[421] Über die

---

[414] Es erscheint nicht frei von Widersprüchen, Kreisen und kreisfreien Städten bei dem offenbar geplanten konstitutiven Listensystem die Entscheidung über die Denkmaleigenschaft in der Regel zu überlassen, wenn man andererseits der Auffassung ist, fehlende Fachkompetenz auf der Gemeindeebene führe zu einem Überwiegen der Ortsinteressen und verhindere den gebotenen einheitlichen Maßstab.

[415] LT-Drucks. 8/1570, S. 7 f.

[416] LT-Drucks. 8/1570, S. 8.

[417] LT-Drucks. 8/4492.

[418] Beschlussempfehlung, S. 39.

[419] aaO, S. 40.

[420] Zu den Änderungen insgesamt: *Memmesheimer/Upmeier*, Einl. III.

[421] § 3 Abs. 1 S. 2 der Beschlussempfehlung.

Eintragung ist ein Bescheid zu erteilen.[422] Hier wurde also das aufwändigere, aber rechtsstaatlich vorzugswürdige Verwaltungsverfahren für die Begründung der Denkmaleigenschaft gewählt. Hiermit war auch eine Kompetenzentscheidung verbunden. Während die Denkmalliste nach dem Gesetzentwurf von der Obersten Denkmalbehörde erstellt[423] und fortgeschrieben[424] werden sollte, sah die Beschlussempfehlung in § 3 Abs. 2 vor, dass die Denkmalliste von den Unteren Denkmalbehörden, also den Gemeinden[425] geführt wird. Der Ausschuss begründete die Änderung von dem nachrichtlichen zu dem konstitutiven Listensystem mit dem Bedürfnis nach Rechtssicherheit und Klarheit. Das Prinzip der nachrichtlichen Eintragung sei mit Rücksicht auf die sofortige und lückenlose Vollziehbarkeit vorgesehen gewesen. Jedoch verschaffe die Denkmalliste als konstitutive Liste Klarheit darüber, auf welche Sachen die Vorschriften des Denkmalschutzgesetzes zur Anwendung kommen. Insbesondere verschaffe sie den Eigentümern von Bau- und Bodendenkmälern und den beteiligten Baubehörden frühzeitige Rechtssicherheit, ob diese Denkmäler den amtlichen Beschränkungen dieses Gesetzes unterlägen.[426] Die Führung der Listen bei den Unteren Denkmalbehörden entspreche der Leitlinie nach einer möglichst orts- und bürgernahen Aufgabenwahrnehmung.[427]

Auch bei der Unterschutzstellung von Denkmalbereichen, also einer Mehrheit von baulichen Anlagen, die für das Erscheinungsbild eines Ortes bedeutend sind[428], erfolgte eine Kompetenzverlagerung auf die gemeindliche Ebene. Der Gesetzentwurf sah noch vor, das diese Bereiche durch eine Verwaltungsvereinbarung unter Schutz gestellt werden, die der Kultusminister im Einvernehmen mit dem Innenminister sowie der zuständigen Gebietskörperschaft

---

422 § 3 Abs. 2 aaO.

423 § 3 Abs. 1 S. 2 des Gesetzentwurfs.

424 § 3 Abs. 1 S. 3 aaO.

425 § 20 Abs. 1 Nr. 3 der Beschlussempfehlung.

426 Beschlussempfehlung, S. 45.

427 Beschlussempfehlung aaO.
Hier verschweigt die Begründung, dass das konstitutive Listensystem ohne eine Verteilung der Verwaltungskraft auf die Kommunen wohl kaum durchführbar gewesen wäre (siehe hierzu: *Oebbecke/ Diemert*, S. 401).

428 § 2 Abs. 3 der Beschlussempfehlung enthält die vollständige Definition.

erlässt. Demgegenüber beschloss der Ausschuss, Denkmalbereiche durch Satzung der Gemeinde unter Schutz zu stellen.[429]

§ 20 Abs. 3 des Gesetzentwurfs und § 20 Abs. 1 Nr. 3 der Beschlussempfehlung sahen vor, dass alle Gemeinden zu Unteren Denkmalbehörden bestimmt werden. Entgegen der Auffassung der CDU-Fraktion[430] sah der Ausschuss keinen Grund, die Zuständigkeit nur auf kreisfreie Städte sowie die Großen und Mittleren[431] kreisangehörigen Gemeinden zu übertragen. Es müsse klar zwischen kommunaler und staatlicher Verantwortung getrennt werden. Ausschlaggebend für die Entscheidung, ausnahmslos jede Gemeinde mit den Aufgaben des Denkmalschutzes zu betrauen, sei die Problem- und Objektnähe. Die Einbeziehung aller Gemeinden sei mit Rücksicht auf die notwendige inhaltliche Erweiterung des Denkmalbegriffs und zur Erreichung des gewünschten bürgerschaftlichen Engagements erforderlich.[432] Um einen Ausgleich für fehlende Fachkenntnisse in kleinen Gemeinden zu schaffen, wurden die Kreise zur Beratung der Unteren Denkmalbehörden verpflichtet.[433] Ferner stellte der Ausschuss in der Begründung klar, dass alle Denkmalbehörden Sonderordnungsbehörden sind und die Ihnen nach dem Denkmalschutzgesetz obliegenden Aufgaben als solche der Gefahrenabwehr gelten.[434] Gemeint sind nicht die Aufgaben der Denkmalpflege, sondern die Aufgaben des Denkmalschutzes, also des hoheitlichen Vollzugs des Denkmalschutzgesetzes. Diese Aufgaben nehmen die Gemeinden als Pflichtaufgaben zur Erfüllung nach Weisung gemäß § 3 Abs. 2 GO wahr.[435]

§ 21 Abs. 3 des Gesetzentwurfs sah vor, dass die Unteren und Oberen Denkmalbehörden ihre Entscheidungen im Einvernehmen mit dem

---

429 § 5 Abs. 1 der Beschlussempfehlung.

430 Die CDU-Fraktion war der Auffassung, dass die zur Bewältigung der Denkmalschutz-Aufgaben erforderliche Verwaltungskraft in kleineren Gemeinden fehle. Auch sei dort die anzustrebende Verbindung zwischen Denkmalschutz und Bauleitplanung nicht zu erreichen (Beschlussempfehlung, S. 54 f.). Auch der Änderungsantrag (LT-Drucks. 8/5651) gegen die Beschlussempfehlung scheiterte im Landtag.

431 Mindesteinwohnerzahl: 25.000.

432 Bericht S. 55, LT-Drucks. 8/5625.

433 § 20 Abs. 2 der Beschlussempfehlung.

434 § 20 Abs. 3 der Beschlussempfehlung.

435 Beschlussempfehlung, S. 54 f.

Landschaftsverband treffen. Konnte kein Einvernehmen erzielt werden, sollte die Oberste Denkmalbehörde entscheiden. Demgegenüber stärkte der Ausschuss abermals die Rechte der Gemeinden. Zum einen wählte er eine schwächere Beteiligungsform, zum anderen fingierte er eine Übereinstimmung durch Zeitablauf. Nach § 20 Abs. 4 S. 1 der Beschlussempfehlung treffen die Unteren und Oberen Denkmalbehörden ihre Entscheidungen im Benehmen mit dem Landschaftsverband. Statt gemeinsamer übereinstimmender Entscheidung reduziert sich die Beteiligung des Landschaftsverbandes faktisch auf dessen Unterrichtung. Dabei gilt das Benehmen als hergestellt, wenn der Denkmalbehörde nicht innerhalb von drei Monaten eine Äußerung des Landschaftsverbandes vorliegt.[436] Dem Landschaftsverband wurde jedoch das Recht eingeräumt, unmittelbar die Entscheidung der Obersten Denkmalbehörde herbeizuführen, wenn die Untere oder Obere Denkmalbehörde von seiner Äußerung abweichen will.[437]

Der Gesetzentwurf sah in § 22 Abs. 3 eine Mitwirkung der Landschaftsverbände beim Vollzug des Denkmalschutzgesetzes vor. Hierzu gehörte ausdrücklich das Zusammenwirken mit den Gemeinden bei der Inventarisation und Führung der Denkmallisten. Ferner sollten die Landschaftsverbände auf Antrag der Gemeinden deren Aufgaben im Bereich der Denkmalpflege wahrnehmen. Auf Grund der Entscheidung für die generelle Kompetenzverlagerung auf die Gemeinden entfielen diese Zuständigkeiten jedoch. § 22 Abs. 1 der Beschlussempfehlung stellte fest, dass die Denkmalpflege den Gemeinden und Gemeindeverbänden als Selbstverwaltungsaufgabe obliegt. Den Landschaftsverbänden kam lediglich die Aufgabe zu, die Gemeinden und Kreise zu beraten und zu unterstützen.[438]

§ 22 Abs. 3 des Beschlussempfehlung übertrug dort näher genannte Aufgaben der Denkmalpflege zwar auch auf die Landschaftsverbände, abweichend vom Gesetzentwurf wurde aber festgestellt, dass die Landschaftsverbände diese Aufgaben durch so genannte Denkmalpflegeämter wahrnehmen. Die Denkmalpflegeämter erhielten eine fachlich unabhängige Stellung wie die

---

[436] § 21 Abs. 4 S. 2 der Beschlussempfehlung.

[437] § 21 Abs. 4 S. 3 der Beschlussempfehlung. Das Recht, den Minister unmittelbar anzurufen, ist aus der historischen Doppelstellung des Staatskonservators und der Provinzialkonservatoren abgeleitet.

[438] § 22 Abs. 2 der Beschlussempfehlung.

Provinzial- bzw. Landeskonservatoren. Damit endete zugleich das persönliche Konservatorenamt.

§ 22 Abs. 3 der Beschlussempfehlung enthielt einen Katalog der Aufgaben, den die Landschaftsverbände im Rahmen der Denkmalpflege durch Denkmalpflegeämter wahrnehmen. Hierzu gehören gemäß Ziff. 4 die Aufgaben der Bodendenkmalpflege. In Abs. 5 wird - insoweit mit dem Gesetzentwurf übereinstimmend - festgestellt, dass die Stadt Köln für ihr Gebiet anstelle des Landschaftsverbandes Rheinland die Aufgaben der Bodendenkmalpflege wahrnimmt.

Zusammenfassend: Schutz und Erhaltung von Denkmälern erfordern differenziertes Handeln und differenzierte Zuständigkeiten. Eine entsprechende gesetzliche Regelung setzt deshalb eine einheitliche Terminologie voraus. Inhaltlich und organisatorisch ist zwischen Denkmalschutz und Denkmalpflege zu unterscheiden. Denkmalschutz ist der mit Zwang durchsetzbare Vollzug des Denkmalschutzgesetzes. Dagegen umfasst die Denkmalpflege die betreuende, beratende, fördernde und forschende Tätigkeit der Denkmalbehörden.

Am 9. Februar 1976 brachte die CDU-Fraktion im nordrhein-westfälischen Landtag den Antrag ein, die Landesregierung möge alsbald den Entwurf eines Denkmalschutzgesetzes vorlegen, um der drohenden Verschandelung der Städte durch Maßlosigkeit und Monotonie Einhalt zu gebieten. Zu dem angestrebten Konzept der menschlichen Stadt gehöre ein weiter Denkmalbegriff, der insbesondere auch Baugruppen (Ensembles) und ihre Umgebung umfasse.

Die Antwort der Landesregierung vom 3. Dezember 1976 auf eine Große Anfrage der FDP zeigte die Konturen einer gesetzlichen Regelung auf. Das Gesetz müsse einen weiten Denkmalbegriff ohne künstlerische Priorität vorgeben. In Konfliktfällen zwischen der Kommunal- und der Staatsverwaltung entscheide der Staat, weil er der überörtlichen Aufgabe verpflichtet sei. Die Erfassung der Denkmäler sollten dem konstitutiven Listensystem folgen. Der Staat müsse mit Eingriffsbefugnissen ausgestattet werden, um Denkmäler zu schützen. Der Denkmalschutz könne den Kreisen und kreisfreien Städten übertragen werden. Die

Aufgaben der Denkmalpflege könnten von den Landschaftsverbänden wahrgenommen werden.

Der von den Fraktionen der SPD und FDP eingebrachte Gesetzentwurf wurde am 13. Februar 1980 von dem Ausschuss für Schule und Kultur mit Änderungen angenommen. Dabei wurden die Gemeinden gestärkt. Statt des im Entwurf vorgesehenen nachrichtlichen Systems entschied sich der Ausschuss aus Gründen der Rechtsicherheit und Rechtsklarheit für das verwaltungsaufwändige konstitutive Listensystem, das zentral kaum zu bewerkstelligen war. Denkmalbereiche sollten nicht mehr durch den Kultusminister, sondern durch Gemeindesatzung unter Schutz gestellt werden. Die CDU-Fraktion scheiterte mit ihrem Änderungsantrag, wonach Untere Denkmalbehörden nicht alle Kommunen, sondern nur Gemeinden mit mindestens 25.000 Einwohnern sein sollten. Die vorgeschriebene Beteiligung der Landschaftsverbände reduzierte sich von der Beteiligungsform des "Einvernehmens" auf die Verpflichtung der Gemeinden, ihre Entscheidungen "im Benehmen" mit den Landschaftsverbänden zu treffen.

Der Beschluss enthält einen Katalog der den Landschaftsverbänden obliegenden Aufgaben der Denkmalpflege. Er stellt aber ausdrücklich fest, dass die Stadt Köln für ihr Gebiet die Aufgaben der Bodendenkmalpflege statt des Landschaftsverbandes Rheinland wahrnimmt.

II. Kompetenzverlagerung

Das Denkmalschutzgesetz trat in der Fassung der Beschlussempfehlung am 1. Juli 1980 in Kraft. Die Ausschüsse sahen in dem Gesetz ein notwendiges Instrument zur Gestaltung einer humanen Umwelt.[439], durch das sowohl das Land als auch die Gemeinden die ihnen durch Art. 18 Abs. 2 LVerf auferlegte kulturelle, soziale und volkswirtschaftliche Verantwortung für die Denkmäler wahrnehmen. Diese beiderseitige Verantwortung sollte durch eine Balance der Zuständigkeiten erreicht werden.[440] Diese Zuständigkeiten sind dementsprechend aufgeteilt.

---

[439] Beschlussempfehlung, S. 41.
[440] Beschlussempfehlung S. 42 f.

1. Untere Denkmalbehörden

Die generelle Zuständigkeit für den Denkmalschutz, also den Vollzug des Denkmalschutzgesetzes, liegt gem. § 21 Abs. 1 DSchG bei den Gemeinden. Die den Gemeinden danach zugewiesenen Aufgaben gelten nach § 20 Abs. 3 S. 2 DSchG als solche der Gefahrenabwehr. Hieraus ergeben sich Konsequenzen für die Kontrolldichte gemeindlicher Entscheidungen, die unten dargestellt werden. Für diese Zuständigkeitsentscheidung werden drei Gründe angeführt:

Nach der Vorstellung des Gesetzgebers sollen in erster Linie die örtlichen Gemeinschaften Verantwortung für den Denkmalschutz tragen und diesen zu ihrer eigenen Sache machen.[441] Das gewünschte bürgerliche Engagement sei am ehesten durch Problem- und Objektnähe zu erreichen.[442] Von der ortsnahen Aufgabenerledigung gehe eine größere Breitenwirkung aus, als dies von einer zentralen staatlichen Stelle möglich sei. Wenn Bürger über "ihre" Denkmäler befänden, werde das Denkmalbewusstsein gestärkt.[443]

Die Verlagerung der generellen Kompetenz auf die Gemeinden entspreche auch dem grundsätzlichen Verfassungsgebot nach gemeindlicher Selbstverwaltung. Das Recht, alle Angelegenheiten der örtlichen Gemeinschaft eigenverantwortlich und selbständig zu regeln, umfasse nämlich auch die kommunale Kulturarbeit. Diese bestehe vor allem darin, das Wohl der Einwohner zu fördern und die geschichtliche und heimatliche Eigenart zu bewahren.[444] Ein solches Vertrauen in die Fähigkeit der Gemeinden entspreche im Übrigen der nordrhein-westfälischen Staatspraxis, öffentliche Aufgaben grundsätzlich durch die Gemeinden und nicht durch staatliche Behörden wahrnehmen zu lassen.[445]

Diese vom Gesetzgeber gewählte Zuständigkeitsregelung entsprach schließlich den Zielsetzungen der Funktionalreform in Nordrhein-Westfalen. Danach sollten die Aufgabenkreise der Gemeinden gestärkt und die Verwaltung

---

[441] *Bericht Ministerium*, S. 13.
[442] *Memmesheimer/Upmeier* § 21 Rdnr. 2.
[443] *Bericht Ministerium*, S. 13 f.
[444] *Memmesheimer/Upmeier* § 21 Rdnr. 2 unter Hinweis auf BVerfG 8, 122.
[445] *Bericht Ministerium*, S. 13 f., 195 f.; *Memmesheimer/Upmeier* § 20 Rdnr. 2.

durch bessere Überschaubarkeit einfacher und bürgerfreundlicher gestaltet werden.[446]

Neben dem Denkmalschutz obliegt den Gemeinden auch die Denkmalpflege. Sie nehmen diese Aufgaben gem. § 22 Abs. 1 S. 1 DSchG als Selbstverwaltungsaufgaben wahr. Dies hat Auswirkungen auf die Kontrolldichte gemeindlicher Entscheidungen.

2. Obere und Oberste Denkmalbehörden

Obere Denkmalbehörden sind die Regierungspräsidenten[447] für die kreisfreien Städte, im Übrigen die Oberkreisdirektoren als untere staatliche Verwaltungsbehörde (20 Abs. 1 Nr. 2 DSchG). Die zentrale Aufgabe der Oberen Denkmalbehörden im Bereich des Denkmalschutzes besteht in der Wahrnehmung der ordnungsbehördlichen Aufsichtspflicht über die Unteren Denkmalbehörden. Im Bereich der Denkmalpflege sind die Kreise zur Beratung der Unteren Denkmalbehörden verpflichtet, soweit diese nicht Große oder Mittlere kreisangehörige Städte sind (§ 20 Abs. 2 DSchG). Mit dieser Regelung soll ein Ausgleich für mangelnde Verwaltungskraft und mangelnden Sachverstand bei kleineren Gemeinden geschaffen werden.[448]

Oberste Denkmalbehörde ist der für die Denkmalpflege zuständige Minister (20 Abs. 1 Nr. 3 DSchG). Die Oberste Denkmalbehörde beaufsichtigt die Obere und die Untere Denkmalbehörde.

---

[446] *Oebbecke*, Die Aufgaben der Gemeinden, S. 385 mit Hinweis auf die Regierungserklärung zur Funktionalreform vom 29. Januar 1976, Plenarprotokoll 8/13, S.497; *Rothe*, § 21 Rdnr. 1.

[447] Die Bezeichnung "Der Regierungspräsident" wurde durch das Gesetz zur Verwaltungsstrukturreform vom 15. Dezember 1993 (GVBl. S. 987) ersetzt durch die Bezeichnung "Die Bezirksregierung". Insoweit bedarf § 20 Abs. 1 Nr. 2 DSchG der sprachlichen Anpassung.

[448] *Memmesheimer/Upmeier* § 20 Rdnr. 12; siehe hierzu auch den Änderungsantrag vom 26. Februar 1980 (Quelle: Siehe Literaturverzeichnis).

3. Denkmalpflegeämter

Das Amt des Landeskonservators mit seiner Doppelfunktion als Beamter des Landschaftsverbandes einerseits und in Organleihe als staatlicher Denkmalpfleger anderseits ist mit Inkrafttreten des DSchG entfallen. Die Landschaftsverbände nehmen die Aufgaben der Denkmalpflege nur noch durch ihre Ämter für Denkmalpflege wahr.[449]

Die ihnen zugewiesenen Aufgaben der Denkmalpflege ergeben sich insbesondere aus § 22 Abs. 3 DSchG, nämlich fachliche Beratung, Erstellung von Gutachten, wissenschaftliche Untersuchungen, Konservierung und Restaurierung, Wissenschaftliche Ausgrabungen, Bewirtschaftung der Landesmittel, Beteiligung bei Planungen und Beratung bei Satzungen. Die Ämter für Denkmalpflege sind bei der Erstellung von Gutachten gem. § 22 Abs. 4 DSchG an fachliche Weisungen - etwa des Landesdirektors - nicht gebunden. Durch die Einbeziehung der Ämter für Denkmalpflege wollte der Gesetzgeber sicherstellen, dass den Denkmalbehörden der dort vorhandene Sachverstand weiterhin zur Verfügung steht.[450]

Die Landschaftsverbände und ihre Fachämter sind nicht mit hoheitlichen Aufgaben des Denkmalschutzes beauftragt. Auch das aus preußischer Zeit stammende Sistierungsrecht besteht durch den Wegfall des Amtes des Landeskonservators nicht mehr.[451] Denkmalrechtliche Entscheidungen wie etwa die Eintragung eines Denkmals sind alleinige Aufgabe der zuständigen Denkmalbehörde, in der Regel also der Gemeinden.[452] Um der Gefahr zu begegnen, dass die Gemeinden hierbei denkmalpflegerische Belange nicht ausreichend berücksichtigen, nimmt der Staat seine verfassungsrechtliche Pflicht zum Denkmalschutz wahr, indem der das Denkmalschutzverfahren durch Fachdienststellen begleiten lässt.[453] Die Unteren und Oberen Denkmalbehörden

---

[449] *Gumprecht*, Festschrift, S. 422.
[450] *Bericht Ministerium*, S. 16.
[451] *Gumprecht*, Festschrift, S. 422.
[452] Der Landschaftsverband hat allerdings gemäß § 3 Abs. 2 S. 2 DSchG ein eigenes Antragsrecht. Entspricht die Denkmalbehörde dem Antrag nicht, steht dem Landschaftsverband der Klageweg zur Verfügung. Kritisch zu dieser Regelung: *Eberl*, S. 460.
[453] *Bericht Ministerium*, S. 16.

müssen ihre Entscheidungen deshalb nach § 21 Abs. 1 S. 1 DSchG im Benehmen mit dem Landschaftsverband treffen. Diese im Verhältnis zur bloßen "Anhörung" stärkere, im Verhältnis zum zustimmenden "Einvernehmen" jedoch schwächere Beteiligungsform erfordert das ernsthafte Bemühen um eine gemeinsame Lösung.[454] Diese Benehmensregelung ist zwar auf Maßnahmen des Denkmalschutzes beschränkt, soll aber materiell die ausreichende Berücksichtigung denkmalpflegerischer Belange bei den Entscheidungen sicherstellen.[455]

Zusammenfassend: Das Denkmalschutzgesetz Nordrhein-Westfalen trat am 1. Juli 1980 in Kraft. Die generelle Zuständigkeit für den Denkmalschutz wurde auf die Gemeinden verlagert. Ausschlaggebend für diese bundesweit einmalige Regelung war die Auffassung, das gewünschte Engagement der Bürger lasse sich am ehesten durch Objektnähe erreichen. Außerdem handele es sich um kommunale Kulturarbeit, die vom Selbstverwaltungsrecht der Gemeinden umfasst sei. Schließlich entsprach die gewählte Zuständigkeitsordnung den Zielsetzungen der Funktionalreform, durch eine Stärkung der Gemeinden Bürgernähe und Überschaubarkeit zu erreichen.

Neben dem Vollzug des DSchG obliegt den Gemeinden auch die Denkmalpflege. Die als Dienststellen bei den Landschaftsverbänden angesiedelten Ämter für Denkmalpflege traten an die Stelle der Landeskonservatoren. Sie begleiten das Denkmalschutzverfahren fachlich. Die Gemeinden sind verpflichtet, ihre Entscheidungen im Benehmen mit dem jeweils zuständigen Landschaftsverband zu treffen.

III. Konfliktlösung

Bei diesem System vielfältiger Beteiligungen stellt sich die Frage, wie Konflikte gelöst werden. Hierbei ist wegen der unterschiedlichen Kontrolldichte zwischen Maßnahmen des Denkmalschutzes und Aufgaben der Denkmalpflege zu unterscheiden.

---

454 *Memmesheimer/Upmeier*, § 21 Rdnr. 67.
455 *Oebbecke*, Die Aufgaben der Gemeinden, S.385.

1. Denkmalschutz

Die Denkmalbehörden sind Sonderordnungsbehörden (§ 20 Abs. 3 S.1 DSchG). Die ihnen obliegenden Aufgaben des Denkmalschutzes gelten als solche der Gefahrenabwehr (§ 20 Abs. 3 S. 2 DSchG). Die Gemeinden nehmen diese Aufgaben nach § 3 Abs. 1 OBG als Pflichtaufgaben zur Erfüllung nach Weisung wahr. Die Aufsicht richtet sich gem. § 119 Abs. 2 GO nach den hierüber erlassenen Gesetzen (Sonderaufsicht), also primär nach dem DSchG und über § 12 Abs. 2 OBG subsidiär nach dem OBG. Damit steht der Oberen Denkmalbehörde als Sonderaufsichtsbehörde nach Maßgabe des DSchG ein Unterrichtungsrecht (§ 8 OBG), ein Weisungsrecht (§ 9 OBG) und ein Selbsteintrittsrecht zur Durchsetzung erteilter Weisungen (§ 10 OBG) zu.[456]

Daneben besteht gem. § 11 OBG auch in ordnungsbehördlichen Angelegenheiten allgemeine Kommunalaufsicht mit den Befugnissen nach §§ 121 bis 125 GO, also Unterrichtungsrecht, Beanstandungs- und Aufhebungsrecht, Anordnungsrecht und Ersatzvornahme, Bestellung eines Beauftragten sowie als ultima ratio die Auflösung des Rates.[457]

2. Denkmalpflege

Die Aufgaben der Denkmalpflege obliegen den Gemeinden gem. § 22 Abs. 1 DSchG als Selbstverwaltungsaufgaben. Im Bereich der Selbstverwaltungsaufgaben besteht nur eine allgemeine Aufsicht nach § 119 Abs. 1 GO. Danach erstreckt sich die Aufsicht darauf, dass die Gemeinden im Einklang mit den Gesetzen verwaltet werden. Zweckmäßigkeit des Verwaltungshandelns kann hingegen nicht überprüft werden.[458]

---

456 *Oebbecke*, Die Aufgaben der Gemeinden, S. 385; *Memmesheimer/Upmeier* § 20 Rdnr. 22.
457 *Memmesheimer/Upmeier* § 20 Rdnr. 39.
458 *Memmesheimer/Upmeier* § 22 Rdnr. 6.

3. Ministeranrufung

Die Gemeinden treffen ihre Entscheidungen im Benehmen mit dem Landschaftsverband. Deshalb müssen die Gemeinden den Landschaftsverband über die beabsichtigte Entscheidung unterrichten. Ist der Landschaftsverband anderer Auffassung, hat er dies der Denkmalbehörde binnen drei Monaten mitzuteilen. Liegt die Äußerung bis dahin nicht vor, gilt das Benehmen gem. § 21 Abs. 4 S. 2 DSchG als hergestellt. Diese Vorschrift dient der Beschleunigung des Verwaltungsverfahrens und der Rechtssicherheit[459], aber auch der Konfliktvermeidung.

Hat sich der Landschaftsverband innerhalb der Frist abweichend geäußert und kommt eine Lösung nicht zustande, entscheidet die Denkmalbehörde allein. Weicht sie hierbei von der Äußerung des Landschaftsverbandes ab, so steht diesem nach § 21 Abs. 4 S. 3 DSchG das Recht zu, unmittelbar die Entscheidung der Obersten Denkmalbehörde ("Ministeranrufung") herbeizuführen.

Das Recht der Ministeranrufung ist als Korrektur fachlich zu beanstandender Entscheidungen der Gemeinden gedacht. Diese Art der Konfliktlösung ist nicht frei von Kritik. Zum einen wird bezweifelt, ob das Instrument der Ministerentscheidung in einer größeren Zahl von Fällen überhaupt geeignet sei, die Handhabung des Gesetzes durch eine Gemeinde nachhaltig zu beeinflussen.[460] Zum anderen ist zu bedenken, dass es sich bei den Landschaftsverbänden wie bei den Gemeinden um kommunale Körperschaften handelt. Deshalb ist immerhin vorstellbar, dass der Landschaftsverband, vertreten durch den Landesdirektor, auch bei einer fachlich zweifelhaften Auffassung der Gemeinde aus Gründen des kommunalpolitischen Klimas die Anrufung des Ministers unterlässt. Der Gesetzgeber hat zwar insoweit Vorsorge getroffen, als die Ämter für Denkmalpflege gem. § 22 Abs. 4 DSchG bei der Erstellung ihrer Gutachten an fachliche Weisungen nicht gebunden sind.[461] Allerdings steht das Recht zur Ministeranrufung nicht den Denkmalpflegeämtern, sondern dem Landschaftsverband zu. Der Landesdirektor als Vertreter des Landschaftsverbandes

---

[459] *Memmesheimer/Upmeier*, § 21 Rdnr. 73; *Rothe*, § 21 Rdnr. 6.
[460] *Eberl*, S. 459 f.
[461] *Oebbecke*, Die Aufgaben der Gemeinden, S.385.

ist dabei an die Empfehlungen seines Amtes für Denkmalpflege freilich nicht gebunden.

In der Praxis der stadtkölnischen Denkmalpflege empfindet man das Recht des Landschaftsverbandes, in Dissensfällen unmittelbar die Entscheidung des Ministers herbeizuführen, keineswegs als Überwachung der eigenen Tätigkeit. Vielmehr sieht die Untere Denkmalbehörde hierin ein eigenes Instrument, Entscheidungen etwa des Baudezernats, bei denen die denkmalpflegerischen Belange nicht hinreichend berücksichtigt worden sind, zu korrigieren. Stadtkonservator und "Landeskonservator" ringen in aller Regel nicht um die Herstellung des Benehmens, sondern bilden ungeachtet der Behördenstruktur eine der gemeinsamen Denkmalpflege verpflichtete Allianz. Der Allianz der Denkmalpfleger steht die Allianz der Behördenleiter, also Oberstadtdirektor und Landesdirektor gegenüber. Um eine Entscheidung der Stadt Köln über den Weg der Ministeranrufung zu überprüfen, muss der Stadtkonservator also zunächst den Leiter des Amtes für Denkmalpflege vom Erfordernis der Ministeranrufung überzeugen. Das stelle die einfachere Hürde dar. Die deutlich schwierigere Hürde bestehe darin, dass der "Landeskonservator" den Landesdirektor, der das Anrufungsrecht für den Landschaftsverband ausübt, von der Notwendigkeit einer Entscheidung des Ministers gegen die Vorhaben der Stadt überzeuge.[462]

Zwischen allen Beteiligten besteht aber Einigkeit, dass eine formelle Ministerentscheidung auch mit Blick auf künftige Aufgaben die schlechteste Konfliktlösung ist. Von dieser ultima ratio macht man deshalb nach Möglichkeit keinen Gebrauch. Schon das Wissen um die Möglichkeit einer autoritären Ministerentscheidung hat erheblichen Einfluss auf die Konsensfähigkeit der beteiligten Dienststellen. Auch in der Denkmalpflege neigt das Rheinland zu informeller Verständigung statt zu Auseinandersetzung.[463]

Zwei prominente Beispiele aus den Jahren 1995/1996 belegen, "in welchem Spannungsfeld von Argumenten, aber auch von politischen Machtstrukturen, die von unterschiedlichen Strömungen, Optionen und

---

[462] *Gespräch mit Krings.*
[463] *Gespräch mit Kier.*

Interessenlagen gespeist und bestimmt sind, denkmalrechtliche Entscheidungen gefordert, diskutiert, abgewogen und entschieden werden"[464]:

Das Metropolitankapitel der Hohen Domkirche, vertreten durch den Dompropst, beantragte 1995 bei der Unteren Denkmalbehörde der Stadt Köln gem. § 9 Abs. 1 lit. a) DSchG die Erlaubnis, als Ergänzung zu der vorhandenen Orgel eine zusätzliche Orgel im Obergaden des Langhauses in Form eines Schwalbennestes anzubringen. Die Konstruktion sollte ca. 2,50 m in das 15,50 m breite Langhaus hineinragen. Zwischen Stadtkonservator und dem Amt für Denkmalpflege bestand Einigkeit, dass die raumästhetische Qualität des Langhauses durch einen solchen Eingriff in die überlieferte Gestalt des Baudenkmals beeinträchtigt würden. Entgegen seiner Fachmeinung musste der Stadtkonservator im Auftrag des damaligen Oberstadtdirektors und der damaligen Kulturdezernentin die Erlaubnis erteilen. Die unmittelbaren Vorgesetzten hatten die Wünsche des Metropolitankapitels zuvor in einem persönlichen Gespräch mit dem Dompropst erörtert. Das Rheinische Amt für Denkmalpflege stellte das Benehmen mit der Entscheidung der Unteren Denkmalbehörde im Sinne von § 21 Abs. 4 S. 1 DSchG entsprechend der Auffassung der "vereinigten Denkmalpfleger" nicht her, um die Entscheidung der Stadt Köln durch Ministeranrufung zu korrigieren. Der Minister vertrat jedoch in einem Erörterungstermin die Auffassung, die Erlaubnis könne erteilt werden, weil ein überwiegend öffentliches Interesse (akustische Versorgung der Gottesdienstteilnehmer im Langhaus) die Maßnahme rechtfertige (§ 9 Abs. 2 lit. b DSchG). Nach diesem Votum wurde die Erlaubnis der Stadt Köln - ohne formelle Entscheidung - bestandskräftig.[465]

Am 3. November 1943 wurde der nordwestliche Strebepfeiler des Nordturms des Kölner Doms von einer Fliegerbombe getroffen. Um die Standfestigkeit des Turms wiederherzustellen, wurde das Loch durch einen Ziegelpfeiler geschlossen. 1995 beantragte das Metropolitankapitel bei der Unteren Denkmalbehörde der Stadt Köln die Erlaubnis gem. § 9 DSchG, die westliche Vorlage des Nordwestpfeilers im Bereich zwischen 10 und 20 m Höhe in der ursprünglichen Form wiederherzustellen. Wiederum bildeten Stadtkonservator und Rheinisches Amt für Denkmalpflege eine Allianz. Für beide stand fest, dass der

---

[464] *Krings*, Kölner Dom, S. 225.
[465] *Krings*, Kölner Dom, S. 223 f.

Antrag aus Gründen der Erhaltung der "Plombe" als einer Geschichtsspur abzulehnen sei. Der Stadtkonservator wurde jedoch abermals von Oberstadtdirektor und Kulturdezernentin angewiesen, einen Text *für* eine denkmalrechtliche Erlaubnis im Sinne des Antrages zu verfassen. Dieser Text wurde als Anlage zur Erlaubnis vom Oberstadtdirektor unterschrieben. Das Denkmalpflegeamt hatte schon vorher erklärt, trotz gegenteiliger Auffassung diesmal auf eine Ministeranrufung zu verzichten.[466]

Zusammenfassend: Die Aufgaben des Denkmalschutzes gelten als solche der Gefahrenabwehr. Die Gemeinden nehmen diese Aufgaben als Pflichtaufgaben zur Erfüllung nach Weisung wahr. Sie unterliegen gem. § 119 Abs. 2 der Sonderaufsicht nach Maßgabe des DSchG. Dagegen nehmen die Gemeinden die Aufgaben der Denkmalpflege als Selbstverwaltungsaufgaben wahr. Hier besteht nach § 119 Abs. 1 GO nur allgemeine Rechtsaufsicht.

Die Gemeinden treffen ihre Entscheidungen im Benehmen mit dem Landschaftsverband. Dieser nimmt die ihm übertragenen Aufgaben der Denkmalpflege durch seine an fachliche Weisungen nicht gebundenen Ämter für Denkmalpflege wahr. Entscheidet eine Gemeinde bei einer Maßnahme des Denkmalschutzes gegen die Auffassung des Amtes für Denkmalpflege, hat der Landschaftsverband die Wahl, entweder den Beschluss der Unteren Denkmalbehörde hinzunehmen oder die Entscheidung des Ministers herbeizuführen. Äußert sich der Landschaftsverband innerhalb von 3 Monaten nicht zu einer beabsichtigten Denkmalschutzmaßnahme, gilt das Benehmen als hergestellt.

In der Praxis der stadtkölnischen Denkmalpflege bestehen natürliche Allianzen jenseits der Behördenstruktur. Dabei steht die aus Stadtkonservator und "Landeskonservator" bestehende Allianz der Denkmalpfleger der Allianz der Behördenleiter gegenüber. Ungeachtet dieser Allianzen steigert allein das Wissen um die Möglichkeit einer autoritären Ministerentscheidung die Konsensfähigkeit der beteiligten Dienststellen. Man ist sich einig, dass eine formelle Ministerentscheidung als ultima ratio zu vermeiden ist. Das belegen zwei prominente Beispiele.

---

[466] *Krings*, Kölner Dom, S. 224 f.

IV. Sonderfall: Bodendenkmalpflege Stadt Köln

Auch nach Gründung des Landes Nordrhein-Westfalen wurde die staatliche Delegierung, die mit der Berufung des Direktors der römisch-germanischen Abteilung des Wallraf-Richartz-Museums zum staatlichen Vertrauensmann für kulturgeschichtliche Bodenaltertümer im Gebiet der Stadt Köln 1924 begonnen hatte, fortgesetzt. Statt des an sich zuständigen Landesmuseums in Bonn übernahm der Direktor des nun eigenständigen Römisch-Germanischen Museums dessen Aufgaben für die Stadt Köln. Diese Tradition hat Eingang in das DSchG gefunden. Nach § 22 Abs. 5 nimmt die Stadt Köln für ihr Gebiet an Stelle des Landschaftsverbands Rheinland die Aufgaben der Bodendenkmalpflege wahr.[467]

Aus der Fortsetzung dieser Delegierung ergeben sich Besonderheiten für die Herstellung des Benehmens nach § 21 Abs. 4 S. 4 DSchG und das Recht der Ministeranrufung nach § 21 Abs. 4 S. 3 DSchG. Das DSchG verweist in § 21 Abs. 4 S. 4 lediglich auf eine entsprechende Anwendung der Sonderregelung. Es fehlt aber an einer klaren Ausgestaltung insbesondere der Rechte und Pflichten des Bodendenkmalpflegeamtes der Stadt Köln gegenüber den Organen der Stadt Köln.[468]

1. Herstellung des Benehmens

Nach § 21 Abs. 4 S. 1 DSchG treffen die Denkmalbehörden ihre Entscheidungen im Benehmen mit dem Landschaftsverband. Dabei gilt das Benehmen nach § 21 Abs. 4 S. 2 DSchG als hergestellt, wenn der Denkmalbehörde nicht innerhalb von drei Monaten die Äußerung des Landschaftsverbandes vorliegt. Für die Obere Denkmalbehörde, also hier gem. § 22 Abs. 1 Nr. 2 DSchG die Bezirksregierung Köln, ergibt diese Regelung wegen der Behördenverschiedenheit einen Sinn. Die Obere Denkmalbehörde ist aber nach § 21 Abs. 3 DSchG nur zuständig, wenn der Bund oder das Land Nordrhein-Westfalen als Eigentümer eines

467 Der Direktor des Museums vergleicht die Position mit "Hongkong in China" (*Gespräch mit Hellenkemper).*

468 *Memmesheimer/Upmeier* § 22 Rdnr. 43.

Denkmals betroffen sind. Grundsätzlich bleibt es daher bei der Zuständigkeit der Unteren Denkmalbehörde, also der Stadt Köln. Selbstverständlich macht die unmittelbare Anwendung der Benehmensregelung keinen Sinn, wenn es sich bei beiden Beteiligten um die Stadt Köln handelt. Deshalb kann die Benehmensregelung für die Bodendenkmalpflege in Köln nach der Literaturmeinung nur so verstanden werden, "dass die Organisationseinheit, welche die Aufgaben der Unteren Denkmalbehörde wahrnimmt, ihre Entscheidungen im Benehmen mit der Organisationseinheit trifft, die den Fachverstand für die Bodendenkmalpflege besitzt"[469]. Ob dies schließlich erfolge, sei eine innerbehördliche Angelegenheit.[470] Die innerbehördliche Zusammenarbeit zwischen den beteiligten Organisationseinheiten sei - auch im Hinblick auf die gesetzliche Fiktion der Benehmensherstellung nach § 21 Abs. 4 S. 2 DSchG - durch den Leiter der Behörde, also den Oberbürgermeister herzustellen.[471]

Die referierte Meinung deckt sich nicht mit der Praxis der Kölner Bodendenkmalpflege.[472] Danach stellen die Untere Denkmalbehörde und das stadtkölnische Bodendenkmalpflegeamt eine identische Organisationseinheit dar. Jede Entscheidung dieser Organisationseinheit wird folglich ohne Benehmensherstellung oder Benehmensfiktion getroffen. Da das Fachamt selbst entscheidet, bedarf es nicht der grundsätzlich vom Gesetzgeber vorgesehenen kritischen Begleitung der Entscheidungen der Unteren Denkmalbehörde durch die Fachbehörde. Dementsprechend gibt es auch keine Dienstanweisungen oder Ausführungsbestimmungen, wie die Benehmensregelung für den Bereich der Bodendenkmalpflege in Köln zu handhaben sei.[473]

2. Ministeranrufung

Nach § 21 Abs. 4 S. 3 DSchG hat der Landschaftsverband das Recht, unmittelbar die Entscheidung der Obersten Denkmalbehörde herbeizuführen, wenn

---

[469] *Memmesheimer/Upmeier*, § 21 Rdnr. 79.
[470] *Memmesheimer/Upmeier*, *aaO.*
[471] *Memmesheimer/Upmeier § 21 Rdnr. 80.*
[472] Grundlage dieser Erkenntnis ist das Gespräch mit Herrn *Prof. Dr. Hansgerd Hellenkemper*, dem amtierenden Leiter des Bodendenkmalpflegeamtes der Stadt Köln.
[473] *Gespräch mit Hellenkemper.*

die Denkmalbehörde von der Äußerung des Landschaftsverbandes abweichen will. Welche Bedeutung hat diese Vorschrift für die Bodendenkmalpflege in Köln?

Das Recht zur Ministeranrufung steht dem Bodendenkmalpflegeamt der Stadt Köln unstreitig bei Behördenverschiedenheit zu. Ist also die Obere Denkmalbehörde gem. § 21 Abs. 3 DSchG zuständig, weil der Bund oder das Land Nordrhein-Westfalen als Eigentümer eines Bodendenkmals betroffen ist, und will sie von der Äußerung des Bodendenkmalpflegeamtes abweichen, kann dessen Direktor die Entscheidung der Obersten Denkmalbehörde herbeiführen.[474] Handelt es sich aber um innerbehördliche Meinungsverschiedenheiten zwischen den verschiedenen Organisationseinheiten, ist nach der Literaturmeinung die Organisationseinheit, die den denkmalpflegerischen Fachverstand verkörpert, vom Gesetzgeber hingegen nicht ermächtigt, von dem Anrufungsrecht Gebrauch zu machen. Denn mit dem DSchG habe der Gesetzgeber nicht in die Organisationsstruktur, die Organisationshoheit oder das Recht des Oberbürgermeisters eingegriffen, die Stadt Köln zu vertreten.[475]

Dieser Einschränkung ist meines Erachtens die historische Entwicklung des Rechts der Ministeranrufung entgegenzuhalten. Das Recht des Staatskonservators, dem Minister unmittelbar zu berichten und dessen Entscheidung herbeizuführen, sollte die Unabhängigkeit des Konservators von Weisungen im hierarchischen System einer Behörde sichern. Der für eine sachgerechte Denkmalpflege erforderliche Fachverstand sollte keinen Einschränkungen unterliegen und deshalb frei von Weisungen sein. Darüber hinaus sollte durch die zentrale Entscheidungsinstanz ein einheitlicher Maßstab etwa in der Frage einer Denkmaleigenschaft gewährleistet werden.[476] Dieses Prinzip der fachlichen Unabhängigkeit und der einheitlichen Entscheidung hat sich trotz der Dezentralisierung der Denkmalpflege fortgesetzt. Zwar waren die Provinzialkonservatoren als Bedienstete des Provinzialverbandes in dessen Hierarchie eingegliedert. Soweit sie jedoch staatliche Aufgaben der Denkmalpflege wie etwa die Feststellung der Denkmaleigenschaft durch Inventarisation erfüllten, handelten sie als Unterorgan des Staatskonservators und damit - wie dieser - als

---

[474] *Memmesheimer/Upmeier*, § 21 Rdnr. 81.
[475] *Memmesheimer/Upmeier*, aaO.
[476] Schinkel: Memorandum zur Denkmalpflege (*Huse*, Texte, S. 70 ff.).

Organ des Ministers. Aus dieser staatlichen Delegierung ergab sich das Recht, den Minister unmittelbar, also ohne Einhaltung des behördeninternen Dienstweges, anzurufen und dessen Entscheidung herbeizuführen. Hieraus resultierte zugleich eine fachliche Weisungsunabhängigkeit. Auch nach Gründung des Landes Nordrhein-Westfalen setzte sich das Prinzip der Weisungsunabhängigkeit und der einheitlichen Entscheidung fort und wurde mit RdErl. vom 4. Mai 1966[477] bestätigt. Das DSchG nimmt die Prinzipien der Ministeranrufung in § 21 Abs. 4 S. 3 und der Unabhängigkeit der Fachämter in § 22 Abs. 4 auf. Durch eine fachliche Begleitung des Denkmalschutzverfahrens mit dem Recht der Fachbehörde, die Entscheidung der Obersten Denkmalbehörde herbeizuführen, nimmt der Staat seine Verpflichtung zum Denkmalschutz wahr und sichert Entscheidungen auf möglichst einheitlichem Qualitätsniveau. Die staatliche Delegierung der Bodendenkmalpflege auf die Stadt Köln diente der Entlastung des an sich zuständigen Provinzialmuseums in Bonn. Die qualifizierte Bodendenkmalpflege in Köln und die spezifischen Ortskenntnisse versprachen eine Intensivierung der Denkmalpflege. Der Staat wollte durch die Delegierung der Bodendenkmalpflege weder die Möglichkeiten staatlicher Lenkung bei fachlichen Meinungsverschiedenheiten noch die Unabhängigkeit des Fachamtes durch Eingliederung in die hierarchische Struktur der Stadt Köln einschränken. Das Zusammenwirken von Unterer Denkmalbehörde und Landschaftsverband ist ein zentrales Anliegen des DSchG. Wegen der schwachen Mitwirkungsform des Benehmens bedarf es eines Mittels, Fachverstand einzubringen und durchzusetzen. Das ist nur möglich, wenn die Fachbehörde nicht den Weisungen der Gemeinde unterliegt, sondern selbständig die Entscheidung der Obersten Denkmalbehörde herbeiführen darf.

Letztere Auffassung deckt sich mit der Praxis der Kölner Bodendenkmalpflege. Wegen der Organisationsidentität der Unteren (Boden-) Denkmalbehörde und dem stadtkölnischen Amt für Bodendenkmalpflege, die beide vom Direktor des Römisch-Germanischen Museums geleitet werden, können unterschiedliche Auffassungen in Angelegenheiten der Bodendenkmalpflege in der Regel allenfalls zwischen Kulturdezernat und Baudezernat auftreten. In diesem Fall besteht das Recht des Leiters des Römisch-Germanischen Museums, auch gegen den Willen des Oberstadtdirektors entsprechend § 22 Abs. 4 S. 3 DSchG unmittelbar die Entscheidung der Obersten Denkmalbehörde herbeizuführen.

477 MinBl NW 1966, S. 996 ff.

Dieses Recht folgt aus der staatlichen Delegierung. Offenbar reicht allein das Wissen um das Bestehen dieses Rechts, um formelle Konfliktlösungen zu vermeiden. Jedenfalls hat das Bodendenkmalpflegeamt bis heute von der Möglichkeit der Ministeranrufung noch keinen Gebrauch gemacht. Wie auch bei der Baudenkmalpflege betrachtet man dieses Recht als ultima ratio, weil eine formelle Entscheidung nicht nur die gemeinsame Verwirklichung künftiger Vorhaben belasten, sondern auch zu Investitionsstaus bei aktuellen Projekten führen kann.[478]

Zusammenfassend: Nach § 22 Abs. 5 DSchG nimmt die Stadt Köln für ihr Gebiet an Stelle des Landschaftsverbandes Rheinland die Aufgaben der Bodendenkmalpflege wahr. Die entsprechende Anwendung dieser Vorschrift führt zu Besonderheiten. Entgegen der Literaturmeinung entfällt jegliche Benehmensherstellung, weil es sich bei Unterer (Boden-) Denkmalbehörde und dem Bodendenkmalpflegeamt der Stadt Köln um eine identische Organisationseinheit handelt, die vom Direktor des Römisch Germanischen Museums geleitet wird. Wie sich aus der historischen Entwicklung und dem Sinn der Ministeranrufung ergibt, steht dem Leiter der stadtkölnischen Bodendenkmalpflege dieses Recht trotz Behördenidentität zu, wenn die Stadt Köln von dessen fachlicher Äußerung abweichen will. In der Praxis der Bodendenkmalpflege stellt die Ministerentscheidung jedoch eine ultima ratio dar, vor der bislang kein Gebrauch gemacht wurde.

---

[478] *Gespräch mit Hellenkemper.*

Zusammenfassung in Leitsätzen

1.
Ziel der Denkmalpflege ist die Erhaltung vielfältiger Spurenträger im öffentlichen Interesse.

2.
Es bedarf einer unabhängigen Fachbehörde, um die Denkmaleigenschaft zu erkennen und um ein Denkmal fachgerecht zu erhalten.

3.
Es bedarf staatlicher Autorität, um die Denkmaleigenschaft verbindlich festzustellen und um den Schutz der Denkmäler notfalls auch gegen den Willen des Eigentümers durchsetzen.

4.
Der Konservator der Kunstdenkmäler in Preußen (1843) war Staatsbeamter. Er war fachlich unabhängig und hatte das Recht, dem Minister unmittelbar zu berichten. Seine Eingriffsbefugnisse beschränkten sich auf ein restriktiv auszuübendes Sistierungsrecht bei nicht fachgerechten Restaurationen.

5.
Die Krise der zentralen Denkmalpflege in den 1870er Jahren war Folge einer Überlastung des Staatskonservators und eines Strebens der Provinzen nach kultureller Selbstverwaltung.

6.
Die Krise wurde entschärft, als der preußische Staat den Provinzen durch Dotationsgesetz von 1873 Mittel für die Denkmalpflege zuwies und die Bestellung von Provinzialkonservatoren förderte.

7.
Der Provinzialkonservator der Rheinprovinz (1893) war sowohl Bediensteter des Provinzialverbandes als auch Delegierter des preußischen Kultusministers. Er war

berechtigt, dem Minister unmittelbar zu berichten und nicht fachgerechte Restaurierungen zu sistieren, bis der Minister entschieden hatte.

8.
Die Provinzialverbände bestellten auf Grund des Ausgrabungsgesetz von 1914 die Direktoren der Provinzialmuseen zu staatlichen Vertrauensmännern für kulturgeschichtliche Bodenaltertümer. Deren Rechtstellung und Befugnisse entsprachen der Position der Provinzialkonservatoren.

9.
Die 1953 gegründeten Landschaftsverbände nahmen die ihnen übertragenen Aufgaben der Denkmalpflege durch Landeskonservatoren wahr. Die Landeskonservatoren waren an fachliche Weisungen nicht gebunden. Sie waren berechtigt, dem Minister unmittelbar zu berichten und dessen Entscheidung herbeizuführen.

10.
Rechtsgrundlage für die Denkmalpflege in Nordrhein-Westfalen waren bis 1980 das Ausgrabungsgesetz für die Bodendenkmalpflege und Ministererlasse für die Baudenkmalpflege.

11.
Die Stadt Köln nimmt seit 1924 im Bereich der Bodendenkmalpflege für ihr Gebiet die Aufgaben des Landeskonservators auf Grund staatlicher Delegierung selbst wahr.

12.
Die Heimatschutzbewegung zu Beginn des 20.Jahrhunderts bewirkte, dass die Stadt Köln 1912 als erste Stadt im damaligen Deutschen Reich das Amt eines Stadtkonservators einrichtete. Der städtische Konservator unterstand zunächst unmittelbar dem Oberbürgermeister, später dem Beigeordneten für Kunst und Kultur. Er hatte keine Eingriffsbefugnisse.

13.
Im Jahr 1959 ergriff die Stadt Köln die Initiative, um für ihr Gebiet auch im Bereich der Baudenkmalpflege die Aufgaben des Landeskonservators zu übernehmen.

14.
Das DSchG verlagerte die generelle Zuständigkeit auf die gemeindliche Ebene, um das seit den 1975er Jahren einsetzende Bürgerengagement durch Objektnähe zu stärken.

15.
Die Landschaftsverbände begleiten das Denkmalschutzverfahren fachlich durch ihre Ämter für Denkmalpflege. Die Ämter für Denkmalpflege sind fachlich nicht an Weisungen gebunden. Die Landschaftsverbände haben das Recht, unmittelbar die Entscheidung der Obersten Denkmalbehörde herbeizuführen ("Ministeranrufung").

16.
Für ihr Gebiet nimmt die Stadt Köln auch nach Inkrafttreten des DSchG an Stelle des Landschaftsverbandes Rheinland die Aufgaben der Bodendenkmalpflege wahr. Dem hierfür zuständigen Direktor des Römisch-Germanischen Museums steht das Recht der Ministeranrufung zu.

17.
In der Praxis der stadtkölnischen Denkmalpflege gibt es jenseits der Behördenstruktur eine natürliche Allianz der Denkmalpfleger.

18.
Das bloße Wissen um die Möglichkeit einer Ministeranrufung fördert die Konsensfähigkeit. Alle Beteiligten sind bestrebt, eine förmliche Ministerentscheidung zu vermeiden.

Anhang

Nr. 1
Zirkularverfügung des Ministers der geistlichen pp. Angelegenheiten vom 24. Januar 1844

"Der Konservator der Kunstdenkmäler ist Staatsbeamter und unmittelbar dem königlichen Ministerium der geistlichen usw. Angelegenheiten unmittelbar unterstellt.
In Fällen, wo Gefahr im Verzug ist, steht ihm das Recht zur Sistierung nicht fachgerecht durchgeführter Restaurierungsarbeiten zu.
Er ist verpflichtet, sich eine umfassende Kenntnis sämtlicher Kunstdenkmäler zu erwerben und Inventare anzufertigen.
Ihm kommt die Aufgabe gutachtlicher Tätigkeit zu.
Über die Provinzial- und Lokalvereine hat er Einfluß zu nehmen auf die denkmalpflegerische Tätigkeit der Provinzen.
Zu seinen Aufgaben gehört auch die regelmäßige Bereisung der Provinzen und ständige Fortschreibung der Inventare"

Nr. 2
Instruktion für den Konservator der Kunstdenkmäler vom 24. Januar 1844

"1. Der Konservator der Kunstdenkmäler ist ein dem Königlichen Ministerium der geistlichen usw. Angelegenheiten unmittelbar untergeordneter Beamter. Seine Berichte, Anträge, Gutachten und dergleichen gehen demgemäß unmittelbar an das Ministerium, von welchem sowohl ihm, als auch den Provinzialbehörden die auf Konservation der Alterthümer bezüglichen Anweisungen erteilt werden.
2. Es bleibt ihm jedoch unbenommen, sich wegen der Gegenstände seines Wirkungskreises auch mit den Unterbehörden und Personen, welche von den Königlichen Regierungen mit der Ausführung der für die Konservation der Alterthümer getroffenen Maßregeln beauftragt werden, sowie mit Privatpersonen oder Vereinen in Kommunikation zu setzen. Er führt zu diesem Behuf das Kommissionssiegel des Ministeriums. In Fällen, wo Gefahr im Verzuge ist, hat er das Recht, die gedachten Unterbehörden, unter gleichzeitiger Anzeige an die

betreffende Regierung, zur Sistierung etwa schon ergriffener Maßregeln auf so lange zu veranlassen, bis auf seinen desfalls schleunig zu erstattenden Bericht eine Bestimmung von seiten des Ministeriums erfolgt ist. Es versteht sich von selbst, daß von diesem Recht nur in höchst dringenden Fällen Gebrauch gemacht werden darf."

Nr. 3
Vorschlag eines Denkmalschutzgesetzes
(Wolff/Rensing)

Um den durch die Zerstörungen des Krieges verminderten Bestand an Denkmalen der Kunst und der Geschichte vor weiterem Verlust zu bewahren und als Zeugen der Kultur zu sichern, hat der Landtag des Landes...das folgende

Gesetz zum Schutz der Kulturdenkmale

beschlossen, das hiermit verkündet wird:

§ 1

(1) Sachen, Sachteile und Sachgesamtheiten, deren Erhaltung und Gestaltung wegen ihrer geschichtlichen, heimatlichen, künstlerischen oder wissenschaftlichen Bedeutung im öffentlichen Interesse liegt, können als Kulturdenkmale unter Schutz gestellt werden. Der Schutz kann auch auf die nähere Umgebung unbeweglicher Denkmale, auf Straßenzüge und auf das Ortsbild erstreckt werden. Die danach geschützten Sachen, Sachteile und Sachgesamtheiten gelten als Denkmal im Sinne dieses Gesetzes.
(2) Auf Bodenaltertümer, Archiv- und Bibliotheksgut findet dieses Gesetz keine Anwendung.

§ 2

(1) Der Kultusminister kann anordnen, daß bestimmte Gruppen von Denkmalen von den Eigentümern oder Besitzern binnen einer bestimmten Frist anzumelden sind.
(2) Die Denkmalschutzbehörde ist berechtigt, Sachen daraufhin prüfen zu lassen, ob sie als Denkmal unter Schutz zu stellen sind. Sie kann sie bei Gefahr im Verzuge

bis zur endgültigen Entscheidung sicherstellen. §§ 9 und 10 finden entsprechend Anwendung.

§ 3

(1) Vor mehr als 80 Jahren entstandene Denkmale, die im Eigentum öffentlicher Körperschaften, Stiftungen oder Anstalten stehen, unterliegen dem Denkmalschutz, sofern sie nicht durch eine Verfügung der Denkmalschutzbehörde davon ausgenommen sind.
(2) Zur Erteilung der nach § 62 Abs. 2 Ziff. 3 der Deutschen Gemeindeordnung in der im britischen Kontrollgebiet geltenden Fassung oder nach anderen gesetzlichen Bestimmungen erforderlichen Genehmigung der Aufsichtsbehörde zur Veräußerung oder Veränderung von Sachen, die einen besonderen wissenschaftlichen, geschichtlichen oder künstlerischen Wert haben, ist die Denkmalschutzbehörde zuständig.

§ 4

(1) Auf schutzwürdige Straßen- und Ortsbilder sowie auf den Schutz unbeweglicher Denkmale findet das preußische Gesetz gegen die Verunstaltung von Ortschaften und landschaftlich hervorragenden Gegenden vom 15. Juli 1907 (GS. S. 260) Anwendung.
(2) Durch Gemeinde- oder Amtssatzung (Ortsstatut) kann auch die gänzliche Niederlegung geschützter Denkmäler und deren Umgebung von einer Genehmigung abhängig gemacht werden. § 6 des Gesetzes vom 15. Juli 1907 findet entsprechende Anwendung.
(3) Die Gemeinden und Ämter können durch die Denkmalschutzbehörden verpflichtet werden, Ortsstatute im Sinne des Abs. 2 und des § 2 des Gesetzes vom 15. Juli 1907 zu erlassen.
(4) Die Gemeinde- und Amtssatzungen (Ortsstatute) im Sinne des Abs. 1 und 2 bedürfen der Genehmigung der Denkmalschutzbehörde.

§ 5

Bewegliche Denkmale und mit Gebäuden fest verbundene Innenausstattungen können durch Verfügung der Denkmalschutzbehörde unter Schutz gestellt werden, wenn ihnen eine so hervorragende künstlerische oder geschichtliche Bedeutung zukommt, daß ihr Verlust oder ihre Wertminderung eine beträchtliche Beeinträchtigung des deutschen Kulturgutes sein würde.

§ 6

Andere bewegliche und unbewegliche Denkmale können durch Verfügung der Denkmalschutzbehörde mit Zustimmung des Eigentümers unter Schutz gestellt werden.

§ 7

Besteht ein Zweifel darüber, ob eine Sache oder ein Sachteil dem Denkmalschutz unterliegt, so entscheidet auf Antrag der Gemeindebehörde, des Eigentümers oder eines anderen Interessenten die Denkmalschutzbehörde.

§ 8

Die Denkmalschutzbehörde kann nach §§ 3, 5 und 6 geschützte Denkmale außer Schutz stellen.

§ 9

(1) Der Eigentümer und der Besitzer eines geschützten Denkmals ist verpflichtet, es pfleglich zu behandeln, in würdigem Zustand zu erhalten und den Beauftragten der Denkmalschutzbehörden Aufnahmen und Untersuchungen jeder Art zu gestatten.
(2) Maßnahmen, durch welche geschützte Denkmale verändert oder bewegliche anderweitig untergebracht werden, bedürfen der Einwilligung der Denkmalschutzbehörde. Soweit durch Veränderungen oder Verbringungen eines geschützten Denkmales das öffentliche Interesse an dessen Gestaltung, seinem unveränderten Bestand oder Ort beeinträchtigt wird, sind sie auf Verlangen der Denkmalschutzbehörde rückgängig zu machen; diesbezügliche Rechtsgeschäfte sowie die Veräußerung beweglicher Denkmale sind ohne Zustimmung der Denkmalschutzbehörde unwirksam. Der Eigentumswechsel unbeweglicher geschützter Denkmale soll der Denkmalschutzbehörde angezeigt werden.
(3) Die Denkmalschutzbehörde kann ihre Gebote und Verbote aufgrund dieses Gesetzes mit den Zwangsmitteln des § 132 des preußischen Gesetzes über die allgemeine Landesverwaltung vom 30. Juli 1883 (GS. S. 195) durchsetzen.

(4) Die Denkmalschutzbehörde kann den Leiter einer öffentlichen Sammlung im Voraus zu Veränderungen, Verbringungen oder Veräußerungen aller oder von Gruppen der zu der Sammlung gehörenden Denkmale ermächtigen.

§ 10

(1) Die Denkmalschutzbehörde kann dem Eigentümer eines geschützten Denkmals auferlegen, geeignete oder bestimmte Maßnahmen zur Erhaltung und Sicherung des Denkmals zu treffen.
(2) Kommt der Eigentümer innerhalb der ihm gesetzten Frist der Pflege nicht nach oder liegt Gefahr im Verzuge, so kann die Denkmalschutzbehörde die erforderlichen Maßnahmen selbst auf Kosten des Eigentümers treffen.
(3) Hat der Eigentümer seinen Wohnsitz in einem anderen Lande oder ist er nicht zu ermitteln, so tritt derjenige an seine Stelle, der die tatsächliche Gewalt über die Sache hat.

§ 11

Geschützte Denkmale, deren Bestand gefährdet ist, können auf Antrag der Denkmalschutzbehörde durch Beschluß des .. zu Gunsten einer Körperschaft oder Stiftung des öffentlichen Rechts enteignet werden. Der Eigentümer ist zu hören. Die Entschädigung ist nach dem Nutzungswert der enteigneten Sache zu bemessen. Gegen den Beschluß ist binnen 1 Monat Beschwerde an ... zulässig. Wegen der Höhe der Entschädigung steht dem Enteigneten der ordentliche Rechtsweg offen.

§ 12

Die Denkmalschutzbehörde ist verpflichtet, den Eigentümer oder den nach § 10 Abs. 3 Unterhaltungspflichtigen hinsichtlich der Erhaltung geschützter Sachen unentgeltlich zu beraten. Sie kann ihm zu den Unterhaltungskosten eine Unterstützung gewähren.

§ 13

Denkmalschutzbehörden sind der Kultusminister und die von diesem bestimmten Stellen.

§ 14

Die Landeskonservatoren sind ständige Berater und Beauftragte der Denkmalschutzbehörden, soweit sie nicht selbst als solche bestellt sind. Sie sind berechtigt, Maßnahmen zum Schutz der Denkmale anzuregen und bei Gefahr im Verzug vorläufige Maßnahmen nach §§ 9 und 10 dieses Gesetzes anzuordnen und zu treffen. Als Sachverständige im Sinne der §§ 5 und 6 des Gesetzes vom 15. Juli 1907 sind sie in den dort vorgesehenen Fällen sowie vor der Entscheidung über die Genehmigung auf Grund des § 4 Abs. 2 und des § 4 Abs. 4 zu hören. Ihnen obliegt die Bestandsaufnahme der Denkmale und die Beratung der Eigentümer und der Besitzer von Denkmalen, sowie der Gemeindebehörden in Angelegenheiten des Denkmalschutzes.

§ 15

Gegen die Verfügungen und Entscheidungen des Kultusministers als Denkmalbehörde ist ein Einspruch, gegen die anderen Denkmalschutzbehörden eine Beschwerde an das Kultusministerium zulässig. Der Einspruch und die Beschwerde sind binnen einem Monat einzulegen.

§ 16

(1) Mit Gefängnis bis zu 2 Jahren und mit Geldstrafe oder mit einer dieser Strafen wird bestraft, wer ein geschütztes Denkmal verändert oder ins Ausland verbringt, obwohl ihm bekannt ist oder bekannt sein müßte, daß die Denkmalschutzbehörde der Veränderung oder Verbringung nicht zugestimmt hat. Der Versuch ist strafbar.

(2) Die Strafverfolgung findet nur auf Antrag der Denkmalschutzbehörde statt. Der Antrag kann zurückgenommen werden.

(3) Neben der Strafe kann auf Einziehung des Denkmals erkannt werden, auf das sich die Verfehlung bezieht. Ist das Denkmal nicht zu erlangen, so kann statt der Einziehung auf Ersatz seines Wertes an eine Körperschaft des öffentlichen Rechts erkannt werden.

(4) Kann keine bestimmte Person verfolgt oder verurteilt werden, so kann auf Einziehung selbständig erkannt werden, wenn im übrigen Voraussetzungen hierfür vorliegen.

§ 17

Der Kultusminister wird ermächtigt, das zur Ausführung dieses Gesetzes Erforderliche anzuordnen.

§ 18

Dieses Gesetz tritt am ... in Kraft.

Nr. 4
Ortssatzung der Stadt Köln betreffend Werbezeichen vom 21. Juni 1926.

"Aufgrund des § 10 der Städteordnung vom 15. März 1856 erläßt die Stadt Köln gemäß § 3 des Verunstaltungsgesetzes am 21. Juni 1926 folgende Ortssatzung betreffend Werbezeichen:

Die Anbringung von Reklameschildern, Schaukästen, Aufschriften und Abbildungen bedarf der Genehmigung der Baupolizeibehörde.

Die Genehmigung zur Anbringung wird versagt, wenn dadurch Straßen oder Plätze der Stadt oder das Ortsbild gröblich verunstaltet werden. Sie wird gleichfalls versagt, wenn innerhalb der linksrheinischen alten Umwallung, in der Deutzer und Mülheimer Freiheit und an der Wallstraße in Köln-Mülheim oder in dem übrigen Stadtgebiet längs der beiden Rheinufer dadurch die Eigenart des Stadt- oder Straßenbildes beeinträchtigt wird.

Die Genehmigung zur Anbringung von Reklame aller Art an Bauwerken von geschichtlicher oder künstlerischer Bedeutung und in der Umgebung solcher Bauwerke wird versagt, wenn die Eigenart oder der Eindruck, den diese Bauwerke hervorrufen, durch die Anbringung beeinträchtigt wird. Als Anbringung gilt auch die Erneuerung und Abänderung."

Nr. 5
Polizeiverordnung betreffend Werbezeichen vom 1. Oktober 1926 (Auszug)

Nach der Verordnung war grundsätzlich jede Anbringung von Werbezeichen genehmigungspflichtig, wie sich aus dem Negativkatalog des § 1 Ziffer 6 der Verordnung ergibt:

"6. Eine baupolizeiliche Genehmigung ist nicht erforderlich zur Anbringung folgender Werbezeichen, wenn sie keine Leuchteinrichtung erhalten und auf demselben Grundstück errichtet werden, auf das sie sich beziehen:

a) unmittelbar auf die Wand aufgemalte oder durch ebensolche Anbringung einzelner Buchstaben hergestellte Werbezeichen, wenn nicht mehr als 1qm Fläche beansprucht wird;

b) flach anliegende Schilder von nicht mehr als 0,50qm Größe und höchstens 3cm Ausladung;

c) Schilder an Vorgarteneinfriedigungen bis zu 0,10qm Größe für jede auf dem Grundstück ansässige Firma bzw. bewohnte Wohnung;

d) auf unbebauten Grundstücken hinter der Bauflucht höchstens zwei freistehende Werbetafeln bis zu 1 qm Größe für je 1 Baugrundstück.

Auch diese Anlagen unterliegen jedoch den gleichen Bedingungen und Voraussetzungen, wie die genehmigungspflichtigen. Ihre Entfernung kann jederzeit gefordert werden, falls sie polizeilichen Bestimmungen widersprechen."

Zur Beschaffenheit und Art der Anbringung bestimmte § 2 der Verordnung unter anderem:

„Werbezeichen müssen in Form, Schrift, Stoff, Farbe und Lichtwirkung unter Berücksichtigung des Denkmal- und Heimatschutzes die einheitliche Gestaltung des Straßenbildes wahren und dürfen Straßen, Plätze oder das Ortsbild nicht verunstalten. Für Form und Anbringung der Werbezeichen ist der Architektureindruck des Gebäudes, an dem sie angebracht werden sollen, mitbestimmend. Insbesondere sind demnach bei geplanten Bauten Flächen für Werbezeichen vorher zu bestimmen, bei vorhandenen Bauten dürfen wesentliche Bauglieder bei der Anbringung von Werbezeichen in der Regel weder beseitigt noch überdeckt werden. Werbezeichen mit Leuchteinrichtungen müssen erforderlichenfalls am Tage dem Auge vollständig entzogen werden können."

Nr. 6
Ortssatzung der Stadt Köln gegen die Verunstaltung des Ortsbildes vom 14. Februar 1929

§ 1

"Die baupolizeiliche Genehmigung zur Ausführung von Bauten und baulichen Änderungen an den den Rheinstrom links- und rechtsseitig einsäumenden Straßen und Plätzen, den auf den Rheinstrom links- oder rechtsseitig einmündenden Straßen und Plätzen, jedoch nur auf eine Länge von 500 m landeinwärts, den sämtlichen Straßen und Plätzen innerhalb der von den Ringstraßen begrenzten linksrheinischen Altstadt, die Ringstraßen einbegriffen, der Deutzer oder Mülheimer Freiheit oder an der Wallstraße in Mülheim, ist zu versagen, wenn dadurch die Eigenart des Orts- oder Straßenbildes beeinträchtigt werden würde.

§ 2

Die baupolizeiliche Genehmigung zur Ausführung baulicher Änderungen an einzelnen Bauwerken von geschichtlicher oder künstlerischer Bedeutung und zur Ausführung von Bauten und baulichen Änderungen in der Umgebung solcher Bauwerke ist zu versagen, wenn ihre Eigenart oder der Eindruck, den sie hervorrufen, durch ihre Ausführung beeinträchtigt werden würde.

§ 3

Vor Versagung und in wichtigen Fällen auch vor Erteilung der Genehmigung gemäß §§ 1 und 2 der Ortssatzung ist neben dem Gemeindevorsteher der Sachverständigenbeirat der kollegialen Bauberatung zu hören."

Nr. 7
Dienstanweisung für den städtischen Konservator vom 2. August 1913

"1. Der städtische Konservator untersteht dem Oberbürgermeister und hinsichtlich der in dieser Dienstanweisung festgelegten Beziehungen zum Hochbauamt der Oberleitung der für das städtische Bauwesen bestellten Beigeordneten. Er ist verpflichtet, seine ganze Zeit dem Dienste der Stadt zu widmen, seine Dienstgeschäfte sorgfältig zu erledigen und möglichst anregend zu wirken. Es ist ihm gestattet, literarisch tätig zu sein, soweit seine Berufsgeschäfte nicht darunter leiden. Dagegen bedarf er zur Übernahme von Nebenämtern und zur Abgabe von Gutachten in jedem Falle der Genehmigung des Oberbürgermeisters.

2. Das Amt des städtischen Konservators umfaßt alle Denkmalpflege-Angelegenheiten der Stadt und zwar

a) Beaufsichtigung und Unterhaltung folgender historischen Gebäude: Cäcilienkirche, Daukirche, Kapelle in Melaten, Rathaus und Rathauskapelle, Gürzenich, Stapelhaus, Tempelhaus, Rubenshaus, Blankenheimerhof, die Torburgen, Mauerreste und Türme der alten Stadtbefestigung, Dreikönigentörchen, alte Denkmäler und Steinpumpen, Römische Baureste, Römerturm etc.
b) alte Baureste und Funde.
c) Aufnahme alter bemerkenswerter Wohnhäuser (worüber ein Verzeichnis vorliegt) und Überwachung der Arbeiten bei deren Veränderung und Abbruch.
d) Vorbereitungen für „die Kunstdenkmäler der Rheinprovinz" (Denkmalstatistik, Profanbauten der Stadt Cöln).
e) Beaufsichtigung aller monumentaler Bauten bezüglich der Veränderungen an und in diesen und in deren nächster Umgebung, insbesondere der Kirchen.
f) Mitwirkung bei Aufstellung des Ortsstatuts zum Schutze der Stadt Cöln gegen Verunstaltung.
g) Mitwirkung bei Erwerbungen architektonischer Art für das historische Museum.
h)Vorträge und Aufzeichnungen persönlicher Erinnerungen.

3. Hierzu wird im Einzelnen bemerkt:

Zu 2. a): Die Unterhaltung der genannten Gebäude in Dach und Fach und die Erledigung der bezüglichen Rechnungen wird durch das Hochbauamt besorgt. Die Mitwirkung des zuständigen Konservators tritt ein, wenn Änderungen in der baulichen Substanz, Architektur, Ausstattung und Ausschmückung beabsichtigt werden. Die betreffenden Dienststellen haben ihm hiervon rechtzeitig Kenntnis zu geben.

Zu 2. b): Funde (Baureste, Gräber, Mosaike, Wandmalereien, Architekturen etc) bei Ausführungen städtischer Arbeiten und bei Abbrüchen sind dem zuständigen Konservator mitzuteilen, damit der Bestand ungesäumt festgestellt werden kann, gegebenenfalls im Einvernehmen mit den Vorstehern des Hochbauamtes, des Tiefbauamtes und der Museen.

Zu 2. c): Behufs alter Wohnhäuser hat der städtische Konservator sich mit den Eigentümern zu benehmen. Der städtischen Polizeiverwaltung ist ein Verzeichnis dieser Häuser zu übergeben. Sie hat jede an diesen geplante

Veränderung oder den Neubau beim Eingang des Baugesuchs, den Abbruch sofort nach der Anmeldung, jedenfalls vor Genehmigung des Abbruchs, dem städtischen Konservator mitzuteilen, damit rechtzeitig die erforderlichen Aufnahmen gemacht werden können.

Zu 2. d) und e): Dieserhalb hat der städtische Konservator sich mit dem Vorsitzenden des Denkmalrats und dem Provinzialkonservator der Rheinprovinz ins Einvernehmen zu setzen.

4. Der städtische Konservator ist Mitglied der Kommission für das historische Museum. Im Falle ein Architektur-Museum errichtet wird, soll er dessen Einrichtung und Leitung übernehmen. An dieses sind aus den Beständen anderer Dienstzweige (Hochbauamt, Tiefbauamt, Museen etc.) die dahin gehörigen Ausstellungsgegenstände abzugeben. Der städtische Konservator hat auch dafür zu sorgen, daß Zeichnungen, Modelle, Kopien bemerkenswerter öffentlicher und Privatbauten für das Museum gesammelt werden.

5. Der städtische Konservator vermittelt sämtliche auf die Denkmalpflege bezüglichen Geschäfte mit der städtischen Verwaltung. Er hat den Sitzungen der Stadtverordnetenversammlung, der Deputationen und Kommissionen, in denen Angelegenheiten seines Geschäftsbereichs verhandelt werden, mit beratender Stimme beizuwohnen.

6. Für den städtischen Konservator wird in der Plankammer des Hochbauamtes eine besondere Abteilung eingerichtet, über die er die Aufsicht führt. Die technischen Hilfskräfte zur Erledigung seiner Arbeiten werden vom Hochbauamt gestellt und unterstehen ihm unmittelbar.

7. Der städtische Konservator hat seine schriftlichen Arbeiten möglichst in seinem Amtszimmer zu erledigen, dort von 11 – 12 1/2 Uhr anwesend zu sein oder zu hinterlassen, wo er zu erreichen ist, auch ein für alle Mal eine möglichst in diese Zeit fallende Sprechstunde für das Publikum zu bezeichnen.“

Nr. 8
Dienstanweisung für den städtischen Konservator, Geheimen Baurat Heimann, vom 5. Juni 1917 (Auszug)

Ziff. 2 Abs. 2:
"Nicht in sein Arbeitsgebiet fallen alle Angelegenheiten, die sich auf die vorhandenen römischen Baureste beziehen. Diese Angelegenheiten gehören vielmehr zur Zuständigkeit des städtischen Konservators Geheimer Baurat Dr. Steuernagel."

Ziff. 2 Abs. 3:
"Bei etwaigen Veränderungen des jetzigen Zustandes des Römerturms, des Turms an der Burgmauer, sowie des Hauses Unter Goldschmied, unter welchem der Römerkanal liegt, soweit die römischen Teile in Betracht kommen, sowie beim Aufbau römischer Baureste an anderer Stelle, werden die beiden städtischen Konservatoren sich ins Benehmen setzen. Das Hochbauamt, dem die Unterhaltung der bezeichneten Bauten obliegt, ist gehalten, ihnen über solche beabsichtigten Änderungen rechtzeitig Mitteilung zu machen."

Nr. 9
Dienstanweisung für den Konservator der Stadt Köln vom 6. November 1959 (Auszug)

"I. Rechtsstellung des Konservators
Der Städt. Konservator ist eine Dienststelle der Stadtverwaltung Köln. Er untersteht dienstlich und fachlich unmittelbar dem Beigeordneten des Amtes für Kunst und Kultur.
Der Städt. Konservator steht in keinem dienstlichen Verhältnis zu den Denkmalpflegestellen des Landes oder des Staates..."

"II. Aufgaben des Konservators

1. Allgemeines (Begriffsbestimmungen und Abgrenzungen)

(Abs. 1) Die Zuständigkeit des Konservators erstreckt sich auf alle Denkmale der Kunst, Geschichte und Kultur, sowohl bewegliche wie unbewegliche, soweit sich diese über der Erde befinden. Nicht freigelegte Bodenaltertümer gehören bis zu ihrer Freilegung zur Zuständigkeit der Bodendenkmalpflege (Ausgrabungsgesetz vom 26.3.1914, Ausführungsbestimmungen vom 30.7.1920); die spätere Zuständigkeit richtet sich nach der Zweckbestimmung.

(Abs. 2) Denkmale im Sinne der Verfassung sind nicht nur Einzelwerke, sondern auch geschlossene Anlagen wie Höfe, Gutshäuser einschließlich des umgebenden Baumbestandes (Parks und Alleen), Plätze, Ortsbilder, Wehranlagen, Umfassungsmauern, Mühlen u.a.m.

(Abs. 3) Die Erhaltung der Denkmale muß wegen ihrer Bedeutung für Geschichte, Kunst, Wissenschaft oder Heimatschutz im öffentlichen Interesse liegen.

(Abs. 4) Dem Konservator obliegt die Wahrnehmung aller denkmalpflegerischen Angelegenheiten der Stadt:

an stadteigenen Bau- und Kunstdenkmälern in Verbindung mit den für diese zuständigen Dienststellen;

an Kunstdenkmälern in kirchlichem oder Privatbesitz in Verbindung mit ihren Besitzern bzw. deren Beauftragten und den für diese zuständigen Behörden;

sowie in der Umgebung der Bau- und Kunstdenkmäler, an Straßen und Plätzen, soweit sie historisch oder für den Ortscharakter von Bedeutung sind.

(Abs. 5) Die Denkmale aus vorgeschichtlicher, römischer und fränkischer Zeit (insbesondere Hügelgräber, Steindenkmale, Wurte, Burgwälle, Schanzen, Landwehre usw.) genießen den Schutz und die Pflege durch das Römisch-Germanische Museum der Stadt Köln und den staatlichen Vertrauensmann für das Ausgrabungswesen; aus der an sich gegebenen Zuständigkeit des Konservators sind sie deshalb ausgenommen, solange bei jenen Stellen ein eigenes Interesse besteht...

(Abs. 8) Der Konservator wird das Römisch-Germanische Museum über alle dieses Museum oder die Ausgrabungsabteilung betreffenden Angelegenheiten unverzüglich unterrichten und auf dem laufenden halten.

(Abs. 9) Der Städt. Konservator führt ein Verzeichnis der Bau- und Kunstdenkmäler im Stadtgebiet, das laufend zu ergänzen ist...

(Abs. 10) Dem Konservator obliegt die Leitung des Denkmälerarchivs. Er veranlaßt zeichnerische und photographische Aufnahmen der Bau- und Kunstdenkmale seines Dienstbereichs, sowie aller im Stadtgebiet zutage tretenden und zum Abbruch vorgesehenen historischen Baureste und Funde, soweit sie nicht in das Aufgabengebiet des Römisch-Germanischen Museums fallen. Der Konservator ist verpflichtet, den Zustand der Denkmale vor, während und nach der Instandsetzung, unter Berücksichtigung der infolge der Kriegszerstörungen wie anläßlich von Instandsetzungsarbeiten gewonnenen Erkenntnisse, in allen wichtigen Einzelheiten, in Bild, Zeichnung und Berichten dokumentarisch festzuhalten.
(Abs. 11) Der Städt. Konservator vermittelt sämtliche auf die Denkmalpflege bezüglichen Geschäfte mit der städtischen Verwaltung. Er ist fachlicher Gutachter der Stadtverwaltung und nimmt an den Sitzungen der Ausschüsse und Kommissionen teil...

2. Wissenschaftliche Einrichtungen
(Abs. 1) Voraussetzung für die praktische Denkmalpflege. d.h. für Wiederherstellung und Erhaltung, ist die wissenschaftliche Erforschung der Denkmale und die Bereitstellung ausreichender Unterlagen für die denkmalpflegerische Planung, sowie die Herstellung dokumentarischer Belege über Art und Umfang der durchgeführten Arbeiten.
(Abs. 2) Der Konservator führt zu diesem Zweck
a) eine Denkmalliste, die alle im Gebiet der Stadt Köln vorhandenen Denkmalbauten, alphabetisch und der Belegenheit nach geordnet, enthält und ständig auf dem laufenden zu halten ist, einschließlich der erforderlichen historischen Hinweise;
b) ein Denkmalarchiv mit dem Ziel der zeichnerischen und photographischen Erfassung der in der Denkmalliste enthaltenen Bau- und Kunstdenkmäler und des für die praktische und wissenschaftliche Arbeit erforderliche Vergleichsmaterial. Bestand des Denkmalarchivs sind alle zeichnerischen und bildlichen Darstellungen älterer und neuerer Zeit, sowie Dokumentaraufnahmen des Wiederherstellungsvorganges, einschließlich des Plattenbestandes, soweit dessen Benutzung für die Arbeit des Konservators erforderlich ist...
(Abs. 4) zu a) Die Denkmalliste der Stadt Köln ist vom Konservator bis zum 31.12.1960 erstmals und vollständig aufzustellen.

(Abs. 7) Der Konservator ist zu hören bei allen Bauvorhaben und Maßnahmen an und in der Umgebung von Baudenkmalen, sei es kirchlicher oder profaner Art,...an historischen Straßen und Plätzen, soweit die beabsichtigten Maßnahmen einer bauaufsichtlichen Genehmigung bedürfen...

3. Durchführung der praktischen Denkmalpflege

a)

(Abs. 1) Dem Konservator obliegt die laufende Beaufsichtigung der Bau- und Kunstdenkmäler im Stadtgebiet. Zur Durchführung seiner Aufgaben bedient er sich der einschlägigen gesetzlichen Bestimmungen. Alle in Frage kommenden Dienststellen (wie Bauaufsichtsamt, Städtebauamt, Trümmeramt, Liegenschaftsamt, Ordnungsamt usw.) sind gehalten, den Konservator an Hand der ihnen zuzustellenden Denkmalliste und Verzeichnis der Ortsstatute und der Denkmal- und Landschaftsschutzzonen des Leitplanes, Fluchtlinienplänen und Durchführungsplänen alle ihnen zur Kenntnis kommenden tatsächlichen oder rechtlichen Veränderungen an den Denkmalen oder in ihrer Umgebung unverzüglich mitzuteilen.

(Abs. 2) Der Konservator ist gehalten, auch seinerseits laufend Beobachtungen an den Denkmalbauten durchzuführen und sich einen Überblick über den Zustand der denkmalwerten Bauten zu verschaffen...

(Abs. 3) Im Interesse der denkmalpflegerischen Belange hat der Konservator die Aufgabe, mit allen ihm zur Verfügung stehenden Mitteln für die Weckung und Ausbreitung des Verständnisses für das Gedankengut der Denkmalpflege in der Bevölkerung einzutreten und alle wissenschaftlichen, künstlerischen und heimatkundlichen Bestrebungen, soweit sie mit der Denkmalpflege in enger Beziehung stehen, zu fördern.

b)

(Abs. 1) Ein Denkmalschutzgesetz besteht nicht. Der Konservator hat deshalb nach Kräften darauf hinzuwirken, daß das Land diesen Fragenkreis gesetzlich regelt. Er hat gegebenenfalls selbst konkrete Vorschläge auszuarbeiten...

(Abs. 2) Solange ein Denkmalschutzgesetz noch nicht erlassen ist, hat der Konservator dahin zu wirken, daß - soweit noch nicht geschehen - Ortssatzungen für die Stadt Köln erlassen werden, die die Voraussetzungen für konservatorische Maßnahmen im größtmöglichen Umfang schaffen.

c)
(Abs. 1) Für die Fälle, in denen die Stadt Köln ohne rechtliche Verpflichtung aus Billigkeitsgründen oder in Wahrnehmung öffentlicher Interessen öffentliche Mittel (Beihilfen) für Denkmale zur Verfügung stellt, obliegt dem Konservator die Sorge dafür, daß diese diesem Zweck gewidmeten Mittel auch so verwendet werden, wie es das Interesse der Sache verlangt (Zweckbindung).
(Abs. 2) Der Konservator hat bis zum 1.10.1960 für den innerdienstlichen Gebrauch eine Verfahrensordnung über die Bewilligung von Beihilfen aufzustellen...
d)
Denkmale, die im Eigentum der Stadt Köln stehen, genießen den Schutz des Konservators. Der Konservator hat grundsätzlich beratende Funktion...Die Beratung des Konservators in denkmalpflegerischen Fachfragen, insbesondere der restauratorischen Behandlung, Methoden und Techniken, ist für die Bauleitung verpflichtend. Bei Konflikten grundsätzlicher Art entscheidet der Oberstadtdirektor nach Anhörung des Staatskonservators...

Nr. 10
Schreiben Vogts vom 25. Februar 1948 (Auszug)

"Sehr geehrter Herr Stadtdirektor!
Auf Grund unserer kürzlichen Besprechung darf ich mir wohl erlauben, Ihnen einen Durchschlag meiner dienstlichen Eingabe einzureichen, sowie Durchschrift meiner Vorschläge an Herrn Dr. Schweyer. Diese sind dadurch überholt, daß ohne Berücksichtigung meiner Warnung meine Dienststelle dem Hauptamt Hochbau eingegliedert werden soll, obwohl sie mit dem Hochbau nicht mehr zu tun hat als mit der Planung, dem Liegenschaftsamt, dem Tiefbau-, Garten- und Friedhofsamt, dem Kulturdezernat u.a. und ich mich persönlich damit nicht einverstanden erklären kann, daß mein Dienstverkehr durch einen anderen Baubeamten läuft. Ich habe dies bereits 1945 und 1947 wie auch früher abgelehnt und muß darin eine Geringschätzung meiner Person und meiner bisherigen Tätigkeit sehen, die m.E. an [!] Anrecht darauf gibt, eine andere Berücksichtigung zu erfahren...Ich sehe in dieser Neuordnung eine weitere Erschwerung dienstlicher Stellungnahmen (zu) den von anderen Dienststellen beabsichtigten Maßnahmen, für die ich keine

Mitverantwortung tragen kann, und möchte auch in den Augen der Bevölkerung einer solchen enthoben sein..."

Nr. 11
Vogts, Schreiben an Wirtz vom 25. Februar 1948 (Auszug)

"...Im Anschluß an die kürzliche Besprechung habe ich am 6.2. ... Vorschläge über die organisatorische Einfügung meiner Dienststelle ... gemacht .... Da Herr Dr. Schweyer aber inzwischen eine andere Regelung beschlossen oder in sie eingewilligt hat, die nach diesen Darlegungen für mich weder sachlich noch persönlich tragbar ist, bitte ich, mich mit Wirkung vom 31.3.48 ab in den Ruhestand zu versetzen und bis zu diesem Termin zu beurlauben."

Nr. 12
Beschlussbuch vom 24. März 1960
(Erläuterung der Beschlussempfehlung)

"Während der Landschaftsverband kulturelle Belange der Gemeinden auf überörtlicher Ebene wahrnimmt, insbesondere dort, wo die Gemeinden ihrerseits hierzu nicht in der Lage sind, hat die Stadt Köln seit jeher im Bereich des Archivwesens, der Bodendenkmalpflege und der Denkmalpflege Einrichtungen geschaffen, die, besetzt mit den erforderlichen Fachbeamten, voll und ganz in der Lage sind, die gemeindlichen Aufgaben auf diesem Gebiet zu erfüllen.
Mit Rücksicht auf die Überlastung des Landesmuseums in Bonn und die mustergültigen Einrichtungen der Stadt Köln, ganz abgesehen von der großen Aktivität, die die Stadt zu allen Zeiten bewiesen hat, wurde daher schon vor dem zweiten Weltkrieg Prof. Dr. Fremersdorf und nach seinem Ausscheiden Herr Dr. Doppelfeld durch das Kultusministerium mit der Wahrnehmung der staatlichen Aufgaben auf dem Gebiet der Bodenaltertümer und des Ausgrabungswesens im Stadtbereich Köln beauftragt, und diese Aufgaben aus der Delegierung des Landesmuseums herausgenommen.
Seit langen Jahren bestehen bezüglich der Denkmalpflege konforme Überlegungen. Die Stadt Köln besitzt seit 1913 einen eigenen Konservator, ein zeichnerisches und

fotografisches Archiv und das für die im Stadtbezirk wahrzunehmenden Aufgaben erforderliche Personal; zusammengefaßt also ein Denkmalamt, das in der Lage ist, alle an dieses zu stellenden Aufgaben zu erfüllen. Nach dem Kriege wurde überdies in der Stadtverwaltung ein eigener Ausschuß geschaffen, der mit allen notwendigen Befugnissen ausgestattet ist, um den denkmalpflegerischen Belangen gerecht zu werden. Darüber hinaus beteiligt sich die Stadt Köln durchschnittlich zu je1/3 an den Kosten der Wiederherstellung der im Stadtraum gelegenen Baudenkmale. Das ist mit einer Ausnahme mehr als jegliche andere Gemeinden im Lande Nordrhein-Westfalen, während der Landschaftsverband mit Ausnahme eines kleineren Betrages für Alt St. Heribert in Köln-Deutz im letzten Rechungsjahr keinerlei Mittel im Kölner Stadtgebiet für denkmalpflegerische Zwecke bereitgestellt hat.
Seit dem Kriege haben sich die Aufgaben der Denkmalpflege vervielfacht, während sich die Besetzung des Amtes des Landeskonservators zahlenmäßig so gut wie nicht verändert hat. Aus dieser Situation ergeben sich für die Stadt Köln mannigfache Hindernisse und Verzögerungen, nicht zuletzt in zeitlicher Hinsicht und in der mangelnden Möglichkeit einer ständigen Beobachtung der laufenden Denkmalarbeiten, während sich in Köln selbst ein Denkmalamt befindet, das in dieser Hinsicht voll aktionsfähig ist. Eine Beauftragung des städtischen Konservators mit den denkmalpflegerischen Aufgaben im Stadtbezirk Köln, konform der Regelung im Bereich der Bodendenkmalpflege (Dr. Doppelfeld) würde zu wesentlichen Erleichterungen führen, den Ablauf der Arbeiten beschleunigen und eine Koordinierung mit den Überlegungen der Stadtplanung, der Bauaufsicht und der übrigen beteiligten Stellen herbeiführen. Es würde sich die Möglichkeit ergeben, die Interessen der Stadt als Vertreter der Gemeinde wirkungsvoller zu Gehör zu bringen, als dies auf dem Umwege einer Auflage in den Beihilfebedingungen gegeben ist.
Die Übernahme der mit der Beauftragung verbundenen Aufgaben würde durch die Dienststelle des Konservators ohne große Erschwerung möglich sein, da ein großer Teil der Arbeitsvorgänge im gleichen Arbeitsablauf mit den innerstädtischen Aufgaben des Konservators erledigt werden kann. Das bezieht sich sowohl auf Beihilfen, die in gleicher Weise von der Stadt wie vom Land erbeten werden, wie auf die Beratung, die Bearbeitung von Baugesuchen an und in der Umgebung von Baudenkmalen, die auf Grund der BO der Stadt Köln und der Dienstanweisung für den städtischen Konservator ohnehin diesem vorgelegt und in der Dienststelle des Konservators bearbeitet werden müssen. Das gleiche gilt für alle Fragen der

Stadtplanung. Angesichts der Größe und der Bedeutung der Stadt und ihrer Baudenkmäler, der erheblichen Mittel, die seitens der Stadt für die Wiederherstellung der Baudenkmale bereitgestellt werden und die weitgehende Rücksicht, die die Stadtplanung den Aufgaben der Denkmalpflege zollt, ist das Ministerium bereit, auf Antrag der Stadt eine Beauftragung des städtischen Konservators vorzunehmen.
Der Ausschuß für Denkmalpflege und Naturschutz hat auf seiner Sitzung am 8.2.1960 wegen der Sonderstellung der Stadt Köln die Übernahme der Landesaufgaben im Bereich der Denkmalpflege entsprechend der auf dem Gebiet der Bodendenkmalpflege bestehenden Regelung befürwortet. Es soll sichergestellt werden, daß der städtische Konservator in alle Entscheidungen über Kölner kirchliche- und profane Denkmalangelegenheiten gutachtlich und beratend eingeschaltet wird oder von sich aus gutachtlich oder beratend tätig werden kann."

Literaturverzeichnis

I. Schrifttum

***Arntz**, Wilhelm*

- Besprechung zu *Vogts*, Das Kölner Wohnhaus bis zum Anfang des 19. Jahrhunderts, in: Die Denkmalpflege vom 08.07.1914, S. 72, zitiert: *Arntz*.

***Bader**, Walter*

- Zur Denkmalpflege in Nordrheinland, Jahrbuch der Rheinischen Denkmalpflege in Nordrheinland. Berichte über die Tätigkeit der Denkmalpflege in den Jahren 1945-1953, Band 20, Kevelaer 1956, zitiert: *Bader*.

***Borchers**, Günther*

- Die humane Stadt - Traum oder Möglichkeit. Der Arbeitgeber Nr. 6/30 1973, S. 237 ff.

***Borger**, Hugo*

- Die Suche nach den Römern in Köln, Kölner Römer Illustrierte 1.74, S. 2 ff., zitiert: *Borger*.

***Brönner**, Wolfgang*

- Paul Clemen und die französische Denkmalpflege, in: Paul Clemen zur 125. Wiederkehr seines Geburtstages. Köln Kevelaer 1991, S. 87 ff., zitiert: *Brönner*.

***Dietmar**, Carl/**Jung**, Werner*

- Kleine illustrierte Geschichte der Stadt Köln, 9. Aufl. Köln 2002, zitiert: *Dietmar/Jung.*

***Eberl**, Wolfgang*

- Mitwirkung der Kirchen und Gemeinden beim Schutz von Baudenkmälern, DöV 1983, S. 455 ff., zitiert: *Eberl*

***Gaentzsch**, Günter*

- Denkmalschutz - eine Aufgabe der Gemeinden?, Der Städtetag 1974, S. 484 ff., zitiert: *Gaentzsch.*

***Gierschner,** Sabine*

- Auf der Suche nach der Institution - Skizzen zur Denkmalpflege vor Paul Clemen, in: Festschrift zum hundertjährigen Bestehen des Rheinischen Amtes für Denkmalpflege, Köln 1993, S. 1-13, zitiert: *Gierschner.*

***Gumprecht**, Almuth*

- Vom Provinzialkonservator zum Westfälischen Amt für Denkmalpflege, in: Im Wandel der Zeit, 100 Jahre Westfälisches Amt für Denkmalpflege, Münster 1992, S. 418 ff., zitiert: *Gumprecht.*

***Hammer**, Felix*

- Die geschichtliche Entwicklung des Denkmalrechts in Deutschland, Tübingen 1995, zitiert: *Hammer.*

Hansen, *Joseph*

- Rheinland und Rheinländer, in: Westdeutsche Monatshefte für das Geistes- und Wirtschaftsleben, 1. Jahrgang, März 1925, S. 273 ff., zitiert: *Hansen*, Rheinland und Rheinländer.

Haas-Traeger, *Evelyn*

- Denkmalschutz und kommunale Selbstverwaltung - Zur Frage der Beteiligung der Gemeinden, dargestellt am Beispiel des Niedersächsischen Denkmalschutzgesetzes, DöV 1981, S. 402 ff., zitiert: *Haas-Traeger.*

Hönes, *Ernst-Rainer*

- Denkmalschutz - Eine Aufgabe der Gemeinden?, DöV 1979, S. 286 ff., zitiert; *Hönes*, DöV.
- Zur Bedeutung des kommunalrechtlichen Genehmigungsvorbehalts, DVBl. 1977, S. 754, zitiert: *Hönes*, DVBl.
- Denkmalschutz und gemeindliche Selbstverwaltung, Die alte Stadt 1979, S. 377 ff., zitiert: *Hönes*, Die alte Stadt.

Horn, *Heinz Günter*

- Auch Bodendenkmäler sind zu schützen, zu pflegen, zu erforschen und zu vermitteln. 25 Jahre Denkmalschutzgesetz in Nordrhein-Westfalen, in: Von Anfang an. Archäologie in Nordrhein-Westfalen, Schriften zur Bodendenkmalpflege in Nordrhein-Westfalen, Band 8, S. 4 ff., Köln 2005, zitiert: *Horn.*

Huse, *Norbert*

- Denkmalpflege. Deutsche Texte aus drei Jahrhunderten, 3. Aufl. München 2006, zitiert: *Huse*, Texte.

Jakobi, *Verena*

- Die Heimatschutzbewegung und die Entdeckung des Ensembles, in: ZeitSchichten, Erkennen und Erhalten - Denkmalpflege in Deutschland, München Berlin 2005, S. 120 ff., zitiert: *Jakobi.*

Jerrentrup, *Friedrich Wilhelm*

- Denkmalschutz als gesetzliche Aufgabe, DöV 1958, 98 ff., zitiert: *Jerrentrup.*

Kier, *Hiltrud*

- Denkmalpflege in Köln, in: Glanz und Elend der Denkmalpflege und Stadtplanung Coeln 1906-2006 Köln, Köln 1981, S. 3 f., zitiert: *Kier*, Denkmalpflege in Köln.
- Glanz und Elend der Denkmalpflege in Köln 1906-1981, in: Erhalten und Gestalten 75 Jahre Rheinischer Verein für Denkmalpflege und Landschaftsschutz, S. 241 ff., Neuss 1981, zitiert: *Kier*, Glanz und Elend der Denkmalpflege in Köln.
- Köln als Festungsstadt, in: Die Kölner Neustadt. Planung, Entstehung, Nutzung. Beiträge zu den Bau- und Kunstdenkmälern im Rheinland, Bd. 23, S. 16 ff., Düsseldorf 1978, zitiert: *Kier*, Köln als Festungsstadt.

Kiesow, *Gottfried*

- Denkmalpflege in Deutschland. Eine Einführung. 4. Aufl. Darmstadt 2000, zitiert: *Kiesow.*

Knopp, *Giesbert*

- Ein unromantischer Anfang. Die ersten zwei Jahrzehnte staatlich organisierter Denkmalpflege in der Rheinprovinz 1893-1912, in: Festschrift zum hundertjährigen Bestehen des Rheinischen Amtes für Denkmalpflege, S. 89 ff., Köln 1993, zitiert: *Knopp.*

***Krings**, Ulrich*

- Einleitung zu: Stadtspuren - Denkmäler in Köln, Köln: 85 Jahre Denkmalschutz und Denkmalpflege 1912-1997, Band 9.I, Köln 1997, S. 9 ff., zitiert: *Krings.*
- Im Jahr des Domjubiläums 1998: Der Kölner Dom als "ganz normales" Baudenkmal, Colonia Romanica XIII, Jahrbuch des Fördervereins Romanische Kirchen Köln e.V. 1998, S. 222 ff., zitiert: *Krings*, Kölner Dom.

***Mainzer**, Udo*

- Vom Ehrenamt zur Professionalität. Einhundert Jahre Rheinisches Amt für Denkmalpflege, in: Festschrift zum hundertjährigen Bestehen des Rheinischen Amtes für Denkmalpflege, S. 15 ff., Köln 1993, zitiert: *Mainzer.*

***Martin**, Dieter, **Krautzberger**, Michael*

- Handbuch Denkmalschutz und Denkmalpflege, München 2004, zitiert: *Martin/Krautzberger.*

***Memmesheimer**, Paul Artur; **Upmeier**, Dieter, **Schönstein**, Horst Dieter*

- Denkmalrecht Nordrhein-Westfalen, Kommentar, 2. Auflage, Köln 1989, zitiert: *Memmesheimer/Upmeier.*

***Meynen**, Henriette*

- Stadtplanung - ein Rückblick, in: Glanz und Elend der Denkmalpflege und Stadtplanung Cöln 1906 - Köln 2006, Hrsg. Rheinischer Verein für Denkmalpflege und Landschaftsschutz 1981, S. 4 ff., zitiert: *Meynen.*

***Mitscherlich**, Alexander*

- Die Unwirtlichkeit unserer Städte. Anstiftung zum Unfrieden, Frankfurt 1965, zitiert: *Mitscherlich.*

***Mörsch**, Georg*

- Zur Werteskala des aktuellen Denkmalbegriffs, in: DKD 1977 , S. 188 ff., zitiert: *Mörsch.*

***Oberhansberg**, Monika*

- Die Ministeranrufung nach § 21 Abs. 4 S. 3 DSchGNW, Dissertation Münster 2004, zitiert: *Oberhansberg.*

***Oebbecke,** Janbernd*

- Denkmalrekonstruktionen aus rechtlicher Sicht, DöV 1989, S. 605 ff., zitiert: *Oebbecke*, Denkmalrekonstruktionen.
- Zur Rolle der Denkmalpflegeämter beim Schutz der Denkmäler, Denkmalpflege im Rheinland (DiR), 2001, S. 128 ff., zitiert: *Oebbecke*, Zur Rolle der Denkmalpflegeämter.
- Gemeindeverbandsrecht Nordrhein-Westfalen, Köln 1984, zitiert: *Oebbecke*, Gemeindeverbandsrecht.
- Die Aufgaben der Gemeinden und Kreise nach dem nordrhein-westfälischen Denkmalschutzgesetz, Verwaltungsrundschau 1980, 384 ff., zitiert: *Oebbecke,* Die Aufgaben der Gemeinden.

***Oebbecke,** Janbernd/**Diemert,** Dörte*

- Denkmalschutzrecht in Deutschland und Frankreich, DöV 1998, S. 397 ff., zitiert: *Oebbecke/Diemert.*

***Piechocki**, Reinhard*

- Landschaft und Heimat. Zur Verdrängung der kulturellen Dimensionen aus dem Naturschutz. In: Dem Erbe verpflichtet. 100 Jahre Kulturlandschaftspflege im Rheinland, Festschrift zum 100-jährigen Bestehen des Rheinischen Vereins für Denkmalpflege und Landschaftsschutz, S. 321 ff., Münster 2006, zitiert: *Piechocki.*

***Ristow**, Sebastian*

- Frühes Christentum im Rheinland. Die Zeugnisse der archäologischen und historischen Quellen an Rhein, Maas und Mosel, Münster 2007, zitiert: *Ristow.*

***Rommel**, Manfred*

- Bemerkungen zum Thema Denkmalschutz und kommunale Selbstverwaltung, Städtetag 1978, S. 279 f., zitiert: *Rommel.*

***Roth**, Erik*

- "...um die Vorstellung des alten heiligen Köln wach zu halten" Das Kölner Rheinviertel - Sanierung und Wiederaufbau 1900-1956, in: Köln: 85 Jahre Denkmalschutz und Denkmalpflege 1912-1997, Band 9.II, S. 580 ff., zitiert: *Roth.*

***Rothe**, Karl-Heinz*

- Denkmalschutzgesetz Nordrhein-Westfalen, Kommentar, Wiesbaden-Berlin 1981, zitiert: *Rothe.*

***Scheurmann**, Ingrid*

- Tot Gesagte leben länger, Georg Dehio und die gegenwärtige Denkmalpflege, in ZeitSchichten, Erkennen und Erhalten - Denkmalpflege in Deutschland, München Berlin 2005, S. 69 ff.,zitiert: *Scheurmann.*

***Schyma**, Angelika*

- Was ist ein Baudenkmal? Zur Geschichte der Inventarisation seit Paul Clemen. In: Festschrift zum hundertjährigen Bestehen des Rheinischen Amtes für Denkmalpflege, S.111 ff., Köln 1993, zitiert: *Schyma.*

***Speitkamp**, Winfried*

- Ein dauerndes und ehrenvolles Denkmal deutscher Kulturtätigkeit. Denkmalpflege im Kaiserreich 1871-1918. Die alte Stadt 1991, 173 ff., zitiert: *Speitkamp.*

***Spiegelhauer**, Dieter*

- 100 Jahre "Konservieren, nicht restaurieren"? In: Festschrift zum hundertjährigen Bestehen des Rheinischen Amtes für Denkmalpflege, S. 207 ff., Köln 1993, zitiert: *Spiegelhauer.*

***Trippen,** Norbert*

- Das Kölner Dombaufest 1842 und die Absichten Friedrich Wilhelms IV. von Preußen bei der Wiederaufnahme der Arbeiten am Kölner Dom, in: Annalen des Historischen Vereins für den Niederrhein, Heft 182, Bonn 1979, zitiert: *Trippen.*

Verbeek, *Albert*

- Preußen und die Kunstpflege in den Rheinlanden, in: R H (N.F.) Heft 2 1925, S. 86 ff., zitiert: *Verbeek.*

Vogts, *Hans*

- Kölns Städtebauliche Entwicklung, in: Tag für Denkmalpflege und Heimatschutz, Köln 1930. Tagungsbericht, Berlin 1931, S. 15 ff., zitiert: *Vogts*, Kölns Städtebauliche Entwicklung.
- Das Kölner Wohnhaus bis zur Mitte des 19. Jahrhunderts, Band I. und II., neu erschienen Neuss 1966, zitiert: *Vogts*, Das Kölner Wohnhaus.
- Die städtische Denkmalpflege, in : Stadtspuren - Denkmäler in Köln, Köln: 85 Jahre Denkmalschutz und Denkmalpflege 1912-1997, Band 9.I, Köln 1997, S. 138 ff., zitiert: *Vogts*, Die städtische Denkmalpflege.
- Einige Gedanken zur Organisation der rheinischen Denkmalpflege, HAStK, Acc. 73, Nr. 23, S. 54 ff., zitiert: *Vogts*, Zur Organisation der rheinischen Denkmalpflege.
- Schreiben vom 25. Februar 1948 an den Stadtdirektor wegen Eingliederung des Konservators in das Hochbauamt, HAStK, Acc. 781/2408/2, Bl. 26 f., zitiert: *Vogts*, Schreiben vom 25. Februar 1948.
- Schreiben vom 25. Februar 1948 an Stadtdirektor Wirtz, HAStK, Acc. 781/2408/2, Bl. 27, zitiert: *Vogts,* Schreiben an Wirtz vom 25. Februar 1948.

Wiemer, *Karl-Peter*

- Ein Verein im Wandel der Zeit, Köln 2000, zitiert: *Wiemer.*

Wiethaup, *Hans*

- Denkmalschutz im Land Nordrhein-Westfalen, Staats- und Kommunalverwaltung 1975, S. 241 ff., zitiert: *Wiethaup.*

Wolff, *Hans J./**Rensing**, Theodor*

- Entwurf eines Denkmalschutzgesetzes, HAStK, Acc. 229, Nr. 426, Bl. 103 ff., zitiert: *Wolff/Rensing.*

II. Gesetze, Verordnungen, Satzungen, Erlasse (chronologisch)

Gesetz wegen der Dotation der Provinzial- und Kreisverbände vom 30. April 1873, GS, S. 187 ff., zitiert: *Dotationsgesetz.*

Gesetz betreffend die Ausführung der §§ 5 und 6 des Gesetzes vom 30. April 1873 wegen der Dotation der Provinzial- und Kreisverbände vom 8. Juli 1875, GS, S. 497 ff., zitiert: *Ausführungsgesetz.*

Gesetz über die Einführung der Provinzialordnung vom 29. Juni 1875 in der Rheinprovinz vom 1. Juni 1887, GS, S. 249 ff., zitiert: *Provinzialordnung für die Rheinprovinz.*

Gesetz gegen die Verunstaltung von Ortschaften und landschaftlich hervorragenden Gegenden vom 15. Juli 1907, GS, S. 260 f., zitiert: *Verunstaltungsgesetz.*

Ausgrabungsgesetz vom 26. März 1914, Pr. GS Nr. 10, S. 41 ff. zitiert: *Ausgrabungsgesetz.*

Ausführungsbestimmungen vom 30. Juli 1920 zum Ausgrabungsgesetz vom 26. März 1914, MBliV vom 30. Juli 1920, S 304 ff., zitiert: *Ausführungsbestimmungen zum Ausgrabungsgesetz.*

Ortssatzung der Stadt Köln betreffend Werbezeichen vom 21. Juni 1926, KStA (Abendausgabe) vom 19. Juli 1926, zitiert: *Ortssatzung vom 21. Juni 1926.*

Polizeiverordnung betreffend Werbezeichen vom 1. Oktober 1926, KStA (Abendausgabe) vom 5. Oktober 1926, zitiert: *Polizeiverordnung vom 1. Oktober 1926.*

Bauordnung für den Stadtkreis Köln vom 26. Januar 1929, Amtliche Ausgabe Köln 1929, HAStK, Sign. Eg 109, zitiert: *Bauordnung der Stadt Köln 1929.*

Ortssatzung der Stadt Köln vom 14. Februar 1929 gegen die Verunstaltung des Ortsbildes, KStA (Abendausgabe) vom 14. März 1929, zitiert: *Ortssatzung vom 14. Februar 1929.*

Abänderung der Bauordnung der Stadt Köln vom 14. März 1934, im Amtsblatt der Regierung zu Köln, Ausgabe A, vom 7. April 1934, S. 48 f., zitiert: *Abänderung vom 14. März 1934,*

Verordnung über die Baugestaltung vom 10. November 1936, RGBl. I , S. 938 ff.

Ortssatzung der Stadt Köln auf Grund des Gesetzes vom 15.7.1907 gegen Verunstaltung des Ortsbildes vom 6. März 1929, HAStK, Acc. 229, Nr. 5, Bl 101, zitiert: *Ortssatzung vom 6. März 1929.*

Ortssatzung zur Erhaltung und Pflege des Ortsbildes der Stadt Köln vom 17. Juli 1940, Kölner Stadtrecht, Köln 1957, II/A 9 sowie HAStK, Sign. Ce 1, 125, zitiert: *Ortssatzung vom 17. Juli 1940.*

Ortssatzung über Werbezeichen vom 5. Juni 1950, HAstK (Lesesaal), StVV 1950 (=Verhandlungen der Stadtvertretung zu Köln vom Jahre 1950), S. 187 f., zitiert: *Ortssatzung vom 5. Juni 1950.*

Ortssatzung über Außenwerbung im Stadtgebiet Köln vom 27. Juni 1957, HAStK, Acc. 229, Nr. 7, Bl. 150 ff.. zitiert: *Ortssatzung vom 27. Juni 1957.*

Runderlass des Ministers für Wiederaufbau vom 24. September 1951, II A 3.111 Nr. 1477/51, MinBl NW, S. 1186 f, zitiert: *RdErl. vom 24. September 1951*

Runderlass des Ministers für Landesplanung, Wohnungsbau und öffentliche Arbeiten vom 10. Mai 1963, II A 2-2.001 Nr. 240/63, MinBl NW, S. 834, zitiert: *RdErl. vom 10. Mai 1963.*

Runderlass des Ministers für Landesplanung, Wohnungsbau und öffentliche Arbeiten vom 4. Mai 1966, II A 2-2.021 Nr. 400/66, MinBl NW, S. 996 ff., zitiert: *RdErl. vom 4. Mai 1966.*

III. Sonstige Quellen (chronologisch)

(1903) Aufruf zur Gründung eines Bundes Heimatschutz, in: 50 Jahre Deutscher Heimatbund. Deutscher Bund Heimatschutz, Neuss 1954, S. 59 ff., zitiert: *Aufruf zur Gründung eines Bundes Heimatschutz.*

Bericht über die Gründung des Rheinischen Vereins für Denkmalpflege und Heimatschutz, in: Die Denkmalpflege vom 30. Januar 1907, zitiert: *Gründungsbericht.*

Dienstanweisung für den städtischen Konservator vom 2. August 1913, HAStK, Acc. 229, Abt. 11, Nr. 578, Bl. 181 ff., zitiert: *Dienstanweisung vom 2. August 1913.*

Antrag des Geheimen Baurats Heimann an den Herrn Minister der geistlichen pp. Angelegenheiten auf Einladung zu den Tagungen des Provinzialkonservators vom 5. Juni 1914, HAStK, Acc. 229, Abt. 11, Nr. 578, Bl. 188 ff., zitiert: *Antrag vom 5. Juni 1914.*

Dienstanweisung vom 5. Juni 1917 für den städtischen Konservator, Geheimen Baurat Heimann, HAStK, Acc. 229, Abt. 11, Nr. 578, Bl. 195 ff., zitiert: *Dienstanweisung vom 5. Juni 1917.*

(1924) Personalakte Fremersdorf (Staatlicher Vertrauensmann für kulturgeschichtliche Bodenaltertümer im Bereich der Stadt Köln), HAStK. Acc. 1745/3.

Ernennungsurkunde Hans Vogts zum Konservator vom 20. Dezember 1945, HAStK, Acc., 781/2408/2, Bl.2.

Urkunde über die Versetzung des städtischen Konservators Vogts in den Ruhestand vom 19. März 1948, HAStK, Acc. 781/2408/2, Bl. 29.

Schreiben des Ministers für Wiederaufbau vom 5. April 1950 an die Regierungspräsidenten wegen Einheitsbauordnung, HAStK, Acc. 229, Nr. 5., zitiert *Schreiben vom 5. April 1950.*

Schreiben der Stadt Köln vom 15. Mai 1950 an den Regierungspräsidenten wegen Einheitsbauordnung, HAStK, Acc. 229, Nr. 5, Bl. 68 ff., zitiert: *Schreiben vom 15. Mai 1950.*

Mitteilungsblatt der Stadtverwaltung Köln, herausgegeben vom Organisationsamt der Stadt Köln für den inneren Dienstgebrauch, Nr. 43, 5. Jahrgang, 28. Oktober 1950, HAStK - 7215 - , zitiert: *Mitteilungsblatt Stadt Köln vom 28. Oktober 1950.*

(1958) Der Landschaftsverband Rheinland. Ein Handbuch mit dem Bericht der Verwaltung über den Zeitraum von der Gründung bis zum 31. März 1958, zitiert: *LVR-Handbuch.*

Schreiben der Stadtkonservatorin Adenauer vom 5. November 1959 an den Beigeordneten Hackenberg wegen mangelnden Einflusses der stadtkölnischen Denkmalpflege, HAStK, Acc. 73, Nr. 23, Bl. 23 ff., zitiert: *Schreiben vom 5. November 1959.*

Dienstanweisung für den Konservator der Stadt Köln vom 6. November 1959, HAStK, Acc. 229, Abt. 11, Nr. 578, Bl. 204 ff., zitiert: *Dienstanweisung vom 6. November 1959.*

Schreiben des Kulturdezernenten vom 15. Januar 1960 an die Stadtkonservatorin wegen Delegierung der Denkmalpflege, HAStK, Acc. 73, Nr. 23, Bl. 28, zitiert: *Schreiben vom 15. Januar 1960.*

Auszug aus dem Beschlussbuch des Rates der Stadt Köln, Sitzung vom 24. März 1960, HAStK, Acc. 73, Nr. 23, Bl. 30 ff., zitiert: *Beschlussbuch vom 24. März 1960.*

Schreiben des Erzbischofs vom 28. Mai 1960 an den Oberstadtdirektor wegen Delegierung der Denkmalpflege, HAStK, Acc. 73, Nr. 23, Bl. 33 f., zitiert: *Schreiben vom 28. Mai 1960.*

Schreiben des Oberstadtdirektors vom 20. Juni 1960 an den Erzbischof von Köln wegen Delegierung der Denkmalpflege, HAStK, Acc. 73, Nr. 23, Bl. 37 f., zitiert: *Schreiben vom 20. Juni 1960.*

Auszug aus der Niederschrift der Verwaltungskonferenz vom 21. Juni 1960, HAStK, Acc. 73, Nr. 23, Bl. 43, zitiert: *Verwaltungskonferenz vom 21. Juni 1960.*

Erläuterung zur Sitzung des Hauptausschusses vom 24. Juni 1960, HAStK, Acc. 73, Nr. 23, Bl. 44 f., zitiert: *Erläuterung vom 24. Juni 1960.*

Schreiben des Oberstadtdirektors vom 27. Juni 1960 an den Stadtdechant wegen Delegierung der Denkmalpflege, HAStK, Acc. 73, Bl. 39., zitiert: *Schreiben vom 27. Juni 1960.*

Sitzungsprotokoll des Hauptausschusses vom 14. Juli 1960, HAStK, Acc. 73, Nr. 23, Bl. 49 ff., zitiert: *Sitzungsprotokoll vom 14. Juli 1960.*

Auszug aus der Niederschrift über die Sitzung des Hauptausschusses vom 27. September 1960, HAStK, Acc. 73, Nr. 23, Bl. 52, zitiert: *Hauptausschuss-Sitzung vom 27. September 1960.*

Auszug aus der Niederschrift über die Sitzung des Hauptausschusses vom 18. Oktober 1960, HAStK, Acc. 73, Nr. 23, Bl. 53, zitiert: *Hauptausschuss-Sitzung vom 18. Oktober 1960.*

Antwort der Landesregierung auf die Große Anfrage 5 der Fraktion der FDP (LT-Drucks. 8/640) vom 6. Dezember 1976, LT-Drucks. 8/1570, zitiert: *Antwort der Landesregierung vom 6. Dezember 1976.*

Gesetzentwurf der Fraktionen der SPD und FDP, Gesetz zum Schutz und zur Pflege der Denkmäler im Lande Nordrhein-Westfalen (Denkmalschutzgesetz - DScHG), LT-Drucks. 8/4492, zitiert: *Gesetzentwurf.*

Beschlussempfehlung und Bericht des Ausschusses für Schule und Kultur zu dem Gesetzentwurf der Fraktionen der SPD und FDP (Drucksache 8/4492), Gesetz zum Schutz und zur Pflege der Denkmäler im Lande Nordrhein-Westfalen (Denkmalschutzgesetz - DScHG) und zu dem Antrag der Fraktion der CDU (Drucksache 8/635), Denkmalschutz in Nordrhein-Westfalen, vom 25.02.1980, LT-Drucks. 8/5625, zitiert: *Beschlussempfehlung.*

Änderungsantrag der Fraktion der CDU zu der Beschlussempfehlung des Ausschusses für Schule und Kultur (Drucksache 8/5625) vom 26.02.1980, LT-Drucks. 8/5651, zitiert: *Änderungsantrag.*

Antwort der Landesregierung auf die Kleine Anfrage 1596 des Abgeordneten Frey SPD (LT-Drucks. 10/4256) vom 29. Juni 1989, LT-Drucks. 10/4522, zitiert: *Antwort der Landesregierung vom 29. Juni 1989.*

Entschließung des Landtags zu der Antwort der Landesregierung (LT-Drucks. 10/4160) auf die Große Anfrage 27 der Fraktion der SPD (LT-Drucks. 10/3343) vom 21. August 1989, LT Drucks. 10/4618, zitiert: *Entschließung vom 21. August 1989.*

(1993) Ministerium für Stadtentwicklung und Verkehr des Landes Nordrhein-Westfalen, Denkmalschutz und Denkmalpflege in Nordrhein-Westfalen, Bericht 1980-1990, zitiert: *Bericht Ministerium.*

Bericht der Denkmalkommission Nordrhein-Westfalen. 7. Oktober 2002. Herausgeberin: StadtBauKultur NRW, zitiert: *Bericht Denkmalkommission.*

Gespräch mit Frau Prof. Dr. Kier, Stadtkonservatorin in Köln von 1978 bis 1990, am 22.02.2007, zitiert: *Gespräch mit Kier.*

Gespräch mit Herrn Prof. Dr. Hansgerd Hellenkemper, Leiter des Römisch-Germanischen Museums und der Bodendenkmalpflege Köln, am 26.02.2007, zitiert: *Gespräch mit Hellenkemper.*

Gespräch mit Herrn Dr. Ulrich Krings, Stadtkonservator in Köln von 1990 bis 2005, am 28.02.2007, zitiert: *Gespräch mit Krings.*

Abkürzungsverzeichnis

aaO	am angegebenen Ort
Abs.	Absatz
Abt.	Abteilung
Art.	Artikel
BauO NW	Bauordnung für das Land Nordrhein-Westfalen vom 25. Juni 1962, GVBl NW, S. 373 ff.
BBauG	Bundesbaugesetz vom 23. Juni 1960, BGBl. I, S. 341
Bem.	Bemerkung
BGBl.	Bundesgesetzblatt
BGBl. I	Bundesgesetzblatt Teil I
Bl.	Blatt
BVerfG	Bundesverfassungsgericht
DenkmallistenVO	Verordnung über die Führung der Denkmalliste vom 6. März 1981, GVBl. NW, S. 135 ff.
DKD	Deutsche Kunst und Denkmalpflege (Zeitschrift)
DöV	Die öffentliche Verwaltung (Zeitschrift)
DSchG	Gesetz zum Schutz und zur Pflege der Denkmäler im Lande Nordrhein-Westfalen - Denkmalschutz (DScHG) vom 11. März 1980
DVBl	Deutsches Verwaltungsblatt (Zeitschrift)
Einl.	Einleitung
Erl.	Erlass
f.	Die folgende Seite
ff.	Die folgenden Seiten
Fn.	Fußnote

FreistellungsVO	Verordnung über genehmigungs- und anzeigefreie Vorhaben nach der Landesbauordnung - Freistellungsverordnung - vom 5. September 1978, GVBl. NW, S. 526 f.
gem.	gemäß
GG	Grundgesetz
GO	Gemeindeordnung für das Land Nordrhein-Westfalen in der Fassung der Bekanntmachung vom 14. Juli 1994 (zuletzt geändert am 03.05.2005.
GO 52	Gemeindeordnung für das Land Nordrhein-Westfalen vom 28. Oktober 1952
GS	Gesetz-Sammlung für die königlichen preußischen Staaten
GVBl. NW	Gesetz- und Verordnungsblatt für das Land Nordrhein-Westfalen
HAStK	Historisches Archiv der Stadt Köln
Hs.	Halbsatz
KStA	Kölner Stadtanzeiger
Lipp. GS.	Gesetzessammlung des Landes Lippe
lit.	Buchstabe
LT-Drucks.	Drucksache des Landtags Nordrhein-Westfalen
LVerbO	Landschaftsverbandsordnung für das Land Nordrhein-Westfalen (LVerbO) in der Fassung der Bekanntmachung vom 14. Juli 1994
LVerf	Verfassung für das Land Nordrhein-Westfalen vom 28. Juni 1950
LVR	Landschaftsverband Rheinland
LWL	Landschaftsverband Westfalen-Lippe
MBliV	Ministerialblatt für die innere Verwaltung

MinBl NW	Ministerialblatt für das Lande Nordrhein-Westfalen
Nr.	Nummer
OBG	Bekanntmachung der Neufassung des Gesetzes über Aufbau und Befugnisse der Ordnungsbehörden - Ordnungsbehördengesetz (OBG) vom 13. Mai 1980
Pr. GS	Preußische Gesetzsammlung
RdErl.	Runderlass
Rdnr.	Randnummer
RGBl.	Reichsgesetzblatt
RH (N.F.)	Rheinische Heimatpflege neue Folge (Zeitschrift)
S.	Seite oder Satz
Sign.	Signatur
StBauFG	Gesetz über städtebauliche Sanierungs- und Entwicklungsmaßnahmen in den Gemeinden vom 27. Juli 1971 (Städtebauförderungsgesetz), BGBl. I, S. 1225 ff.
Ziff.	Ziffer